老舍的京韵传奇

于昊燕 著

中国书籍史传馆 〔流年碎影〕

中国书籍出版社
China Book Press

图书在版编目（CIP）数据

老舍的京韵传奇 / 于昊燕著 . — 北京 : 中国书籍出版社 , 2014.7
ISBN 978-7-5068-4304-1

Ⅰ.①老… Ⅱ.①于… Ⅲ.①老舍（1899 ~ 1966）—传记 Ⅳ.① K825.6

中国版本图书馆 CIP 数据核字（2014）第 178629 号

老舍的京韵传奇

于昊燕　著

图书策划	武　斌　崔付建
责任编辑	姚　兰
责任印制	孙马飞　马　芝
出版发行	中国书籍出版社
地　　址	北京市丰台区三路居路 97 号（邮编：100073）
电　　话	（010）52257143（总编室）（010）52257140（发行部）
电子邮箱	chinabp@vip.sina.com
经　　销	全国新华书店
印　　刷	北京中华儿女印刷厂
开　　本	710 毫米 × 960 毫米　1/16
字　　数	134 千字
印　　张	16
版　　次	2015 年 1 月第 1 版　2019 年 4 月第 2 次印刷
书　　号	ISBN 978-7-5068-4304-1
定　　价	48.00 元

版权所有　翻印必究

序

于昊燕

书似乎总要有个序言，若美女打扮戴顶帽子。

某天，接到朋友电话，问我可有兴趣写一本关于老舍的书。

我说乐意之至。

我喜欢阅读老舍的作品。那是一座城，有形状有质感有重量，透过文字去抚摸中国北方苍凉的历史、沉重的古都与黄土塑成的人的灵魂。

我喜欢回味老舍的人生，他是从贫家走出来的草根，如同北京城墙砖缝中的小枣树，土壤、营养都贫乏到极点，可是他顽强如铁，骄傲成长。当岁月的浮尘如落叶随风飘去，老舍生命的脉络是春的憧憬，夏的明亮，秋的澄澈。

这本书，是我认识的老舍。

而我，是一个生于70年代热爱文字热爱生命温度的平凡人。

目　录
CONTENTS

第一季　春

小杨家胡同的树叶 /002

腰牌上的记忆 /022

母亲的眸 /033

阳　光 /043

海棠树 /055

第二季　夏

伦敦街角的梦 /070

南洋，花朵盛开 /084

青青河边草 /098

金色的麦田 /120

祥子，跑吧 /136

第三季　秋

远　方 /154

烟火尘世 /177

灯 /193

正红旗下 /203

岁月悠悠，归于尘埃 /217

尾　没有冬天

人生四季 /242

第一季　春

　　春天好似不管人间有什么悲痛，又带着它的温暖与香色来到北平。地上与河里的冰很快的都化开，从河边与墙根都露出细的绿苗来。柳条上缀起鹅黄的碎点，大雁在空中排开队伍，长声地呼应着。

小杨家胡同的树叶

七九河开，八九雁来。台阶的砖缝里露出了一小丛嫩绿的香蒿叶儿，天高云白，一行北归的大雁，发出清亮的鸣声。街门门楼是用瓦摆成了一些古钱的，在似水流年中那些古钱早已歪七扭八的，在钱眼里探出些不十分绿的草叶来。

1

多年之前，老舍在《四世同堂》这本书中满怀深情地描述过一个叫小羊圈胡同的地方。

祁家的房子坐落在西城护国寺附近的"小羊圈"。说不定，这个地方在当初或者真是个羊圈，因为它不像一般的北平的胡同那样直直的，或略微有一两个弯儿，而是颇像一个葫芦。通到西大街去的是葫芦的嘴和脖子，很细很长，而且很脏。葫芦的嘴是那么窄小，人们若不留心细找，或向邮差打听，便很容易忽略过去。进了葫芦脖子，看见了墙根堆着的垃圾，你才敢放胆往里面走，像哥伦布看到海上有漂浮着的东西才敢更向前进那样。走了几十步，忽然眼一明，你看见了葫芦的胸：一个东西有四十步，南北有三十步长的圆圈，中间有两棵大槐树，四围有六七家人家。再往前走，又是一个小巷——葫芦的腰。穿过"腰"，又是一块空地，比"胸"大着两三倍，这便是葫芦肚儿了。"胸"和"肚"大概就是羊圈吧？这还待历史家去考查一番，而后才能断定。

多年之后，很多人来到北京西城像哥伦布一样寻宝觅踪，发现这里有一个叫"小杨家"的胡同，它的西口在新街口南大街上。就是这条胡同，我找了许久。胡同口已经拓宽了，但依然不起眼，胡同口的几家店铺正在装修，更是把胡同口给掩藏了起来。

第一次来到小杨家胡同的时候是腊月，我还是个穿着鹅黄羽绒服的学生，钟爱《四世同堂》，对老舍充满了热烈的敬仰，他轻妙睿智的话语能让我持续发出欢乐的笑和一点刻薄的快意。我像所有追星族一样激动地走在小杨家胡同里，心潮澎湃，东张西望。胡同很小，街道也不直，进了胡同向前走了二十几步就碰上一面墙，连着拐几个九十度的硬弯后，看到一个豁然开朗的小空场，周围分布着七八户人家。过了小空场又是一个马蜂腰般的小胡同，细而直地往北伸去，到了最北边有一个更大的空地儿，它的东南面便是有名的护国寺西廊高大硬实

小杨家胡同

护国寺的金刚殿

的红墙。护国寺只遗留下个金刚殿,挂了个文物保护的牌子。殿后边是家宾馆。

出了胡同的东口向北走,要不了多远是积水潭。我用脚步丈量着早已湮没在时间尘埃里的老舍幼时在胡同里玩耍、去积水潭去护国寺的足迹,赵子曰、张大哥、祥子、虎妞、小福子、祁老太爷、大赤包儿、瑞宣、程疯子、王利发……他们在我身边擦肩而过,熙熙攘攘。

我拿着一张民国十七年的地图寻踪觅迹,胡同里的居民略带热情与宽容地看着我,轻声说:小日本又来了。

经常有外国人到这里来寻找老舍童年的印记。以日本人居多,甚至有些日本人拿着尺子一厘米一厘米地量过去。

我停住,羞涩地笑着看他们。他们彼此对视着说:她听得懂中国话!

我说:我不是小日本。

他们说:韩国人?

我只好说:中国人!山东大妞!

大家依然热情，不待我再开口，就经验丰富地指着胡同尽处说：8号，8号。真是善解人意啊！

8号院的门楼早已倒塌，换了红漆的防盗门。经过百年沧桑，原来的房屋早已不见，但还保留着当初的格局，细长的一条，南北房亲密相对，顺着过道，走到尽头，是一间农村样式的厕所，只是没有猪，外观也体面一些，看起来像个简易储藏室的模样。房子隔成几个平米大的多个小间，租给别人，里面都是双层床，只容一个瘦削干枯且前后平面的人转身。透过南屋的玻璃窗，看见一个年轻人坐在下铺看着本页角卷曲的杂志。有个眼影涂得蓝蓝的女孩出来，很客气地请我反映一下外来打工者住宿艰难的情况，并且热情地给我吃水果。

我带着朝圣的情感仰望着小院子里一长条灰蓝的天空，等待鸽哨悠长的回声。

来过这儿的人们会发现小杨家胡同和小羊圈胡同惊人相似。的确，这是同一个胡同，解放后，小羊圈胡同改名为小杨家胡同。14岁之前，老舍一直住在这个小胡同里；14岁之后，老舍依然牵挂着这个胡同里

小杨家胡同8号院门　　　　　　　　　　　小杨家胡同8号院内

的人和事，他的心居住在这个小胡同的印象里。

小杨家胡同里的几棵树已经落尽了叶子，显示出北方冬天的瑟缩，光光的树枝无声地指向灰白的天空，像是先知的指示，空气中飘浮着若有若无的煎饼果子里熟葱和芝麻混合的香气，心里的馋虫如小孩子的胖手指轻轻挠动。这些邻居们聊着天，谈论着年货备了多少、腊八蒜泡了没，几个小孩玩耍着唱歌谣："小孩小孩你别馋，过了腊八就是年。腊八粥，过几天，哩哩啦啦二十三。二十三，糖瓜儿粘；二十四，扫房日；二十五，炸豆腐；二十六，炖白肉；二十七，宰公鸡；二十八，把面发；二十九，蒸馒头；三十儿晚上熬一宿；大年初一去拜年：您新禧，您多礼，一手的面不搋你，到家给你父母道个喜！"

这歌谣不知道唱了多少年，一百多年前，戴着毛茸茸护耳裹着屁帘的孩子们也是这样唱的吧。

不由得想起了老舍的一篇散文。

照北京的老规矩，过农历的新年（春节），差不多在腊月的初旬就开头了。"腊七腊八，冻死寒鸦。"这是一年里最冷的时候。可是，到了严冬，不久便是春天，所以人们并不因为寒冷而减少过年与迎春的热情。在腊八那天，人家里，寺观里，都熬腊八粥。这种特制的粥是祭祖祭神的，可是细一想，它倒是农业社会的一种自傲的表现——这种粥是用所有的各种的米，各种的豆，与各种的干果（杏仁、核桃仁、瓜子、荔枝肉、莲子、花生米、葡萄干、菱角米……）熬成的。这不是粥，而是小型的农业展览会。

腊八这天还要泡腊八蒜。把蒜瓣在这天放到高醋里，封起来，为过年吃饺子用的。到年底，蒜泡得色如翡翠，而醋也有了些辣味，色味双美，使人要多吃几个饺子。在北京，过年时，家家吃饺子。

从腊八起，铺户中就加紧的上年货，街上加多了货摊子——卖春联的、卖年画的、卖蜜供的、卖水仙花的等等都是只在这一季节才会出现的。这些赶年的摊子都教儿童们的心跳得特别快一些。在胡同里，吆喝的声音也比平时更多更复杂起来，其中也有仅在腊月才出现的，像卖历书的、松枝的、薏仁米的、年糕的等等。

在有皇帝的时候，学童们到腊月十九日就不上学了，放年假一月。儿童们准备过年，差不多第一件事是买杂拌儿。这是用各种干果（花生、胶枣、榛子、栗子等）与蜜饯挽合成的，普通的带皮，高级的没有皮——例如：普通的用带皮的擦子，高级的用榛瓢儿。儿童们喜吃这些零七八碎儿，即使没有饺子吃，也必须买杂拌儿。他们的第二件大事是买爆竹，特别是男孩子们。恐怕第三件事才是买玩艺儿——风筝、空竹、口琴等——和年画儿。

儿童们忙乱，大人们也紧张。他们须预备过年吃的使的喝的一切。他们也必须给儿童赶快做新鞋新衣，好在新年时显出万象更新的气象。

二十三日过小年，差不多就是过新年的"彩排"。在旧社会里，这天晚上家家祭灶王，从一擦黑儿鞭炮就响起来，随着炮声把灶王的纸像焚化，美其名叫送灶王上天。在前几天，街上就有多少多少卖麦芽糖与江米糖的，糖形或为长方块或为大小瓜形。按旧日的说法：用糖粘住灶王的嘴，他到了天上就不会向玉皇报告家庭中的坏事了。现在，还有卖糖的，但是只由大家享用，并不再粘灶王的嘴了。

过了二十三，大家就更忙起来，新年眨眼就到了啊。在除夕以前，家家必须把春联贴好，必须大扫除一次，名曰扫房。必须把肉、鸡、鱼、青菜、年糕什么的都预备充足，至少足够吃用一个星期的——按老习惯，铺户多数关五天门，到正月初六才开张。假若不预备下几天的吃食，临时不容易补充。还有，旧社会里的老妈妈们，讲究在除夕把一切该切出来的东西都切出来，省得在正月初一到初五再动刀，动刀剪是不吉利的。这含有迷信的意思，不过它也表现了我们确是爱和平的人，在一岁之首连切菜刀都不愿动一动。

除夕真热闹。家家赶作年菜，到处是酒肉的香味。老少男女都穿起新衣，门外贴好红红的对联，屋里贴好各色的年画，哪一家都灯火通宵，不许间断，炮声日夜不绝。在外边作事的人，除非万不得已，必定赶回家来，吃团圆饭，祭祖。这一夜，除了很小的孩子，没有什么人睡觉，而都要守岁。

元旦的光景与除夕截然不同：除夕，街上挤满了人；元旦，铺户都上着板子，门前堆着昨夜燃放的爆竹纸皮，全城都在休息。

过去、现在和未来，总有些东西如同坚硬岩石不曾动摇。老舍用文字把潜藏在个人心底的记忆呈现于众人眼前。老舍把童年生活的地方复活在他的小说里，这个早已破败的小院子与流转百年的歌谣在文字的魔力下恢复了俏丽隽永的活力，只是隔着多年的时光与千山万水稍有朦胧，像一幅略微褪色的画，永恒保存。

约翰·布莱德列说：

"过去是一家银行，我们将最可贵的财产——记忆——珍藏其中。记忆赐予我们生命的意义和深度。

"真正珍惜过去的人，不会悲叹旧日美好时光的逝去，因为藏于记忆中的时光永不流逝。死亡本身无法止住一个记忆中的声音，或擦去一个记忆中的微笑。"

我突然明白了为什么老舍的文字总是打动读者内心最柔软的部分，他的文字是对这份平民烟火尘世生活的爱的集结。他曾经在这里生活，他无数次满怀柔情地回望这个小院和胡同里忙碌的人群，他的生命与平民的生活融合在了一起，从无割舍。

2

拉着时间的绳索,回到1899年2月3日傍晚,也就是戊戌年腊月二十三日酉时,暮色暗沉。1899年的大街没有电灯,小胡同里也少有个亮儿,人们晚间出去打着摇摇晃晃的灯笼,灰黑的影子也跟随着摇摇晃晃,否则,就会迷失在黑暗里找不着回家的路。可是这一天晚上,大街上灯火通明,有很多卖糖瓜与关东糖的,他们点着灯笼把摊子或车子照得亮堂堂的。

紫禁城里的皇帝和皇城根儿的百姓正忙着送灶王爷上天祈求平安。民间传说,灶王爷上天专门告人间罪恶,一旦被告,大罪减寿三百天,小罪减寿一百天。在《太上感应篇》里,亦有"司命随其轻重,夺其纪算"的记述。司命即指灶君,"算"为一百天,"纪"指十二年。在这里,重罪判罚又增加到减寿十二年了。所以,老百姓在祭灶时要打点一下灶君,求其高抬贵手。在老百姓淳朴的心里,神仙像官员一样难缠,不定怎么就得罪了这天天在家的神仙。所以,给送点儿礼吧,祭灶时摆上枣和糖瓜等果品。糖瓜是用大麦发酵糖化而成的食品,糖瓜甜,让

灶君像

灶王吃了嘴甜，上天光说好话，糖瓜黏，可以黏住灶王爷的嘴不说坏话。焚香祭拜后，将旧灶君像揭下焚化，换上新像，以示送灶王爷上天找玉皇大帝汇报去了。

即将过去的一年既不祥和也不宁静，"戊戌变法"就发生在那一年，以康有为为首的改良主义者通过光绪皇帝进行政治改革，学习西方，提倡科学文化，改革政治、教育制度，发展农、工、商业等。这次变法遭到以慈禧太后为首的守旧派的强烈反对，九月慈禧太后等发动政变，光绪被囚，维新派康有为、梁启超因遭捕杀而逃亡，谭嗣同等六人（戊戌六君子）被杀害，历时仅一百零三天的变法失败。这是新旧激烈交锋、传统的传承与现代的变革激烈对立的一年。不过，朝廷里的流血事件并没有立竿见影地影响到民间冗长繁琐的祭灶，从下午五六点钟起，开始响起稀疏的爆竹声，到了酉时左右，连铺户带人家一齐放起了鞭炮，花炮的灼亮冲破了黑暗的天空，一闪一闪的，使人可以看见远处光秃秃的树梢儿。每家院子里都亮那么一阵：把灶王像请到院中来，燃起高香与柏枝，灶王就急忙吃点关东糖，化为灰烬，飞上了天宫。

小杨家胡同8号院里住着一户舒姓人家，正红旗，当家的是正红旗的一名护军，主妇姓马。这当儿，身怀六甲的马氏正在忙祭灶的杂务，丈夫舒永寿还在皇城的什么角落里值班，她在家中操持家务、管理孩子、伺候寡居的大姑子。北平的空气清冷刺骨，连日劳累的疲惫使她腰酸背痛，大姑子时时的刁难让她左右为难，肚子里即将面世的胎儿微微伸臂踢腿的动作又令她兴奋不已。她已经41岁，生育过7个孩子，4个女孩和3个男孩，却只活下来3个女孩和1个男孩。为此她倍加珍惜活下来3个女儿和1个儿子，她真切盼望家里可以再多几个穿着大红袄、扎着朝天辫、活蹦乱跳的孩子。她微笑着继续操劳，一如既往。她来到里屋，拨了拨煤球炉子，炉子里燃烧的小小蓝色火苗给她冰凉的双手一些温暖。风吹着乌黑的窗棂和暗黄的窗纸，发出呼哒哒的拍打声，是谁在敲击着窗户急于跑进来？屋里有些闷，漂浮着一股绵软而呛人的气息，她觉得喘不上气来，有些头晕，腹中突然激烈地疼痛起来，她眼前发黑，被无边无际的黑夜包围，她瘫软在炕上继而没有了意识。腊月二十三，灶王爷上了天，一个瘦猫儿般的小男孩落了地。

婴儿微弱地哭啼着，瘦弱的母亲背过气去。舒家小女儿才十一二岁，惊慌失措地站在外间屋放声大哭。就在这个闹哄哄没头绪的时候，舒家已经出嫁的大女儿赶来了。她叫静守，是个美丽贤淑的女孩子，眉清目秀，小长脸，尖尖的下颏像个白莲花瓣，身姿俏丽，嫁在佟家做媳妇。静守在婆家忙碌时突然觉得心情不安，她担忧着快要生产的母亲，所以跟婆婆请假回家来看母亲。一进门便看见母亲昏死在炕上，刚刚出生的满身血污的小弟弟冻得奄奄一息，不着丝缕。静守叫了一声"妈"，顺手儿便把婴儿揣了起来。一边为母亲的昏迷不醒而落泪，一边又为小弟弟的诞生而高兴。再一次做了母亲的女人晕过去半夜后，才睁眼看见她的小儿子，幸亏大女儿把婴儿揣在怀中，才没有让这个刚刚诞生的脆弱的小生命冻死。

姑母拿着烟袋锅来看看这个早产了半个月的瘦小子。他拳头大的脸，眼睛还没有完全睁开，几乎没头发，简直就是个不体面的黄皮萝卜。不过，姑母侧耳听听外面不绝于耳的鞭炮声，看看家里新贴的灶君图，她怎么都觉得新灶君图上的小童儿比之前多了一个，不由得心中浮起个五彩斑斓的想法。她充满期待地感叹了一句："这小子的来历不小哇！说不定，灶王爷身旁的小童儿因为贪吃糖果，没来得及上天，就留在这里了呢！"腊月二十三，民间称为过小年，腊月二十三日以后，节日的气氛日渐浓厚，人们开始打扫庭院、居室，清除积垢，置办年货，制作节日食品，为庆祝春节做准备。父亲舒永寿给这个出生在腊月二十三的孩子起了一个喜庆的名字——"庆春"。姑母也不甘示弱地用起名字表示自己的伟大存在，按农历说，戊戌年应当是狗年，腊月是在年根儿上，姑母就给孩子起了一个俏皮的小名——"小狗尾巴"。

对于文学而言，那个日子是一个伟大的开始。对庆春个人来说，那个日子可是一个寒冷的起始，庆春当作家后是这样叙述自己出生时候的情景的：

那是腊月中旬，天冷得好像连空气也冻上了似的——谁要说我缺乏着点热情，应当晓得我初次和世界会面的时节，世界就是那么寒冷无情的。

正是日落的时候，我的细弱啼声在屋中宣读着生命的简单而委屈的小引言。生命的开始是多么寒伧呢！

不过，作为补充，小庆春出生后的第三天是个充满了喜剧色彩的狂欢日。

"洗三"是中国古代诞生礼中非常重要的一种仪式。婴儿出生后第三日，要举行沐浴仪式，会集亲友为婴儿祝吉，这就是"洗三"，也叫做"三朝洗儿"，苏东坡的《贺子由生孙》中曾写道："昨闻万里孙，已振三日浴。"以"洗"音寓"喜"意，主要还是为婴儿祈福，兼有酬谢老娘接生的意思。在北京雍和宫的法轮殿"五百罗汉山"前，放着一个精美的"鱼龙变化盆"，据说，清乾隆皇帝生下三天曾用它洗过澡，又称为"洗三盆"。皇帝都要洗三，小民百姓自然要跟风。老北京人认为，人生有两件大事：一是生下来三天的"洗三"，一是死去三天时的"接三"，所以无论贫富都大小有个举动。"洗三"的用意，一是洗涤污秽，消灾免难；二是祈祥求福，图个吉利。

小庆春虽然生在贫寒之家，也进行了热热闹闹的"洗三"，不求鱼龙变化，有些泥鳅的生命力也是好的。正午，天气晴朗，阳光照在炕上，西北风儿吹着外面大街上各种卖年货的呼声，忽近忽远。炕底下升着小白铁炉子，散发出阵阵暖意。小庆春静静地躺在炕中间，垫着些柔软的破棉花，他没有哭，他的眼睛半眯半睁，他仿佛没有力气啼哭，又好像在苦恼地思考着什么人生重大命题。

主持仪式的白姥姥在炕上盘腿坐好，宽沿的大铜盆里倒上了槐枝艾叶熬成的苦水，冒着热气。参加典礼的老太太们、媳妇们都先"添盆"，并说着吉祥话儿。前来贺喜的亲友们向洗盆里扔钱，谓之"添盆"，添盆越多，将来小孩的寿命也就越长，且人财两旺。几个花生，几个红、白鸡蛋，也随着"连生贵子"等祝词放入水中。洗儿时，白姥姥还不住地往盆里放"碰头蛋"，专门送给亲友中不孕少妇吃，余者最后捞出，供向贺喜亲友还礼时用，俗称"喜蛋"。洗儿盆中的洋钱、铜子儿则统归白姥姥所有。

洗三图

白姥姥把小庆春放在水里，一边洗着一边高声说着祝词："先洗头，做王侯；后洗腰，一辈倒比一辈高；洗洗蛋，做知县；洗洗沟，做知州！"洗完后，白姥姥又用姜片艾团灸了小庆春的脑门和身上的各重要关节，她用一块新青布沾了些清茶，用力擦小庆春的牙床。小庆春就在这时节哭了起来；误投误撞，这一哭原是大吉之兆！在老妈妈们的词典中，这叫作"响盆"。白姥姥把小庆春擦拭干净，穿上衣裤，梳梳胎发，用秤砣轻压庆春的身体，名曰"压千斤"，象征长大后能担当重任。最后，白姥姥拾起一根大葱打了小庆春三下，口中念念有词："一打聪明，二打伶俐，三打明明白白！"这棵葱应当由孩子的父亲扔到房上去。就在这紧要关头，舒永寿从皇城值班回来了，这巧合令屋中产生无法形容的活跃！他一进来，大家便一齐向他道喜。他不知请了多少安，道了多少谢！洗完之后，小庆春浑身一尘不染，满是槐枝与艾叶的苦味与香气，头发虽然不多不长，却也刚刚梳过，啼声也很雄壮。白姥姥又用锁锁住婴儿的口和手足，望其以后谨言慎行。最后，白姥姥把庆春放在褥子上，盖好被子。洗儿水必须单独泼掉，不能与其他污水混杂。没有儿子的妇女争着去倒洗儿水，倒时让水朝自己的方向，以寄托得子的希望。

接下来就是庆贺"洗三"的节日盛餐，按照规矩，要请前来贺喜的亲友吃炒菜捞面，俗称"四个碟面"，晚间还要设酒席款待来宾。穷人的欢乐一旦遇上现实吃喝问题就戛然而止了。七姥姥八姨的总得来十口八口儿的，手头拮据的马氏为这顿饭伤透了脑筋。幸好庆春那外号"二鬼子"的表哥精明能干，有的是办法。两杯水酒，的的确确是"水"酒，兑了水的略有酒味儿千杯不醉的酒，一碟炒蚕豆，一碟肉皮炸辣酱，然后是羊肉酸菜热汤面，有味儿没味儿，吃个热乎劲儿。"酒席"虽然简单，入席的礼让却丝毫未打折扣："您请上坐！""那可不敢当！不敢当！""您要不那么坐，别人就没法儿坐了！"直到菜都凉了大家才恭敬不如从命地坐下。酒过三巡（谁也没有丝毫醉意），菜过两味（蚕豆与肉皮酱），"宴会"进入紧张阶段——热汤面上来了。大家似乎都忘了礼让，甚至连说话也忘了，屋中好一片吞面条的响声，排山倒海，虎啸龙吟。"二鬼子"的确有些本领，把庆春的"洗三"办得既经济又不完全违背"老妈妈论"的原则。

这个简单仪式给庆春那寒酸的童年涂上了喜庆又美好的希望色彩，"洗三"意味着不论出身贵贱，都拥有对生命的尊重与对未来许下美好愿望的权利，长大以后，庆春果然像大葱一样聪明。心理学研究说，婴儿出生时候的情景，比如光亮、温差、照料程度等等，会对婴儿以后的性格塑造形成最初的影响。庆春后来成了一个以幽默著称的作家，仔细品读他的幽默，你会发现很多笑料背后隐藏着冰天雪地的寒冷与现实生活的悲苦辛酸，但是他依然笑着。

笑，是一个平民儿子对付这个苍凉世界的武器。

3

大难不死，必有后福。不知道这句话是否准确，庆春的经历倒是可以证明"大难不死，必有后难"。

庆春出生后，没有母乳可吃，请不起奶妈，牛奶与奶粉那年月又不见经传。庆春即使是神仙童儿转世也得吃饱肚子才听话，肚子一空就大哭起来，马氏只好去买些杨村糕干来喂养孩子。杨村糕干是一种天津特色的民间糕点，价格便宜，用糯米和绵白糖制作而成，加了一定量的茯苓粉，特点是易消化、健脾胃、松软可口，加点水搅一搅就可以成为一种易于吞咽的糊糊。马氏用个小沙锅熬上点糕干面，搅拌均匀成一锅浆糊的样子，小心翼翼填在庆春的小红嘴里，让这个孩子不至于断气。因此，大姐夫后来时常嘲弄庆春：吃糨糊长大的孩子。

对于一个刚出生的婴儿来说，杨村糕干的营养价值远远比不上母乳或者牛奶，根本不能满足婴儿生长发育的需求，只能说是聊胜于无保命而已。就这样，庆春慢慢活了下来，身体非常羸弱。俗话说"七坐八爬"，庆春到七个月不会坐，八个月也不会爬，软软的，像个棉花做的娃娃，安静地躺在炕上。

如果仅仅是经济上的贫苦与生理上的饥饿，在那个年代是算不得什么的，贫民小户的人们哪个不是在半饥半饱中成长的呢？更大的不幸袭来，1900年8月，八国联军攻占了北京，城陷不久，各国侵略者特许士兵抢劫三日（即自8月16日起至18日止）。实际上，抢劫活动早从占领北京的第一日就已经开始，在联军的烧杀淫掠下，古都遭到了空前的浩劫和蹂躏。到8月21日德国军队麇集北京以后，这一正式特许的抢劫活动仍在不断扩大，至少持续了八天之久，而私人抢劫活动则到联军部队撤出北京才结束。北京城变成了强盗的世界。八国联军疯狂地屠杀中国的军民，仅在庄王府一处就屠杀和烧死了1700多人，街巷里到处堆积着尸首。那座充满辉煌繁荣的北京城变成了罗列着萧条残物的荒野。

联军挨家搜索财物鸡鸭。每家门户终日敞开，妇女们把剪子揣在怀里，默默地坐在墙根，等待着文明强盗——刽子手兼强盗、小偷。他们来到，先去搜鸡，而后到屋中翻箱倒柜，从容不迫地把稍有价值的东西都拿走。第一批若有所遗漏，自有第二批、第三批前来加以精选。小杨家胡同本是个不起眼的小胡同，住户都是些穷苦的平民。可是，洋兵并不因此放过这里，他们三五成群，一天不知来几批洗劫。"鬼子"进门了，一刺刀先把老黄狗刺死，而后入室搜索。他们把炕上的箱子底儿朝上倒出所有的破东西，翻捡他们认为值钱的物品。马氏拉着儿子庆瑞与小女儿坐在墙根，慌乱之中忘记了抱庆春，庆春就睡在炕上的箱子旁边啊！那群四处杀人为乐的强盗若是看到炕上哭啼的孩子，怎么会放过他呢？她想拼了命进屋去抱庆春出来，可是，看着身边惊慌失措的两个孩子，理智又告诉她不能轻举妄动。若是惹怒了洋兵，只怕娘几个都保不住性命。她心里暗暗祷告着庆春千万别哭，别引起强盗们的注意。

马氏听不见庆春的哭声，心中更加忐忑。难道孩子已经遭了不测？马氏一手拉着一个孩子，她的手冰冷，不住地出着冷汗，每一分钟都那样漫长，万把利剑折磨着她的心。1982年，艾伦·帕库拉执导一部片子《苏菲的抉择》，女主人公苏菲在二战中身陷纳粹集中营，纳粹强迫她在两个子女中做杀一留一的选择，否则两个孩子都将被杀死。苏菲最终的抉择让她自己终生悔恨不已。人的命运有时难以捉摸，当人们需要对自己的命运作出选择的时候，往往是十分残酷的。马氏当时的心理压力不啻于此。孩子是马氏的命，无论丢失了哪个孩子，都是要了她的命。洋兵走后，马氏疯了一样冲过去，炕上一片狼藉，没有庆春的身影。

马氏抱着最后一丝希望搬起箱子——庆春在箱子底下睡得正香！原来，洋兵扔空箱子的时候，不偏不倚，恰好把庆春扣了起来。更为万幸的是，外面如此嘈杂，庆春居然一直熟睡，没有发出丁点儿声音。

姑母看看已经熏得乌黑的灶君图上那个活蹦乱跳的小童儿，又看看没心没肺睡得正香的庆春，不由得感叹：这小子，大难不死必有后福。

理性地看待这段历史，庆春的童年无非告诉我们一个事实：在一个动荡的年代，普通人的性命贱若蝼蚁，一个平民的儿子得不到任何生命保障，只能凭靠偶然的运气存活下来。

可是，海明威说："只有阳光而无阴影，只有欢乐而无痛苦，那就不是人生。"

庆春到三岁都不会说话，大人们很为这个瘦弱的孩子担心，他甚至到三岁也不会走路，永远坐在炕上，一声不响，很乖。他没什么玩具，母亲拆洗棉被的时候，庆春会扯下一小块棉花；当家里偶尔吃顿白面的时候，庆春就要求给一点揉好了的面。庆春能把那点棉花或面块儿翻来覆去地揉搓，捏成他以为形态很准确的小鸡小鱼，或者其他各样东西。所以，少数民族文学研究专家关纪新说："在我们力图解说老舍生涯和老舍艺术时，不能不常常想起这位作家那别一样惨淡的人之初。"

然而，在老舍的记忆中，他的童年并不仅仅只有惨淡的影子。年幼的庆春是沉默寡言的，他的心的感触却敏锐而丰富，时时飞舞着喜悦的影子。

院里一共有三棵树：南屋外与北屋前是两株枣树，南墙根是一株杏树。两株枣树是非常值得称赞的,当夏初开花的时候,满院都是香的,甜酥酥的那么香。等到长满了叶,它们还会招来几个叫作"花布手巾"的飞虫,红亮的翅儿,上面印着匀妥的黑斑点。极其俊俏。一入秋,我们便有枣子吃了;一直到叶子落净,在枝头上还发着几个深红的圆珠,在那儿诱惑着老鸦和小姐姐。

及至到了中秋节,我们即使没能力到市上买些鲜果子,也会有些自家园的红枣与甜石榴点染着节令。

庆春在南屋发现了十几个捏泥饽饽的模子和几个染好颜色的羊拐子。羊拐,满语叫"嘎拉哈",是羊的膝盖骨,共有四个面,以四个为一副,常常染成大红色。游戏时需要一个皮球或者沙包,再有一块报纸大的坚硬、平实的场地。玩的时候只许用一只手,如果是皮球,手把球扔起,在球落地再弹起的时间里摆好嘎拉哈,再接住球;如果是沙包,则是在抛起沙包再接住的时间里摆。根据抓起嘎拉哈的形状不同,得的分数也不同,再抛起口袋,将嘎拉哈放下,同时碰地上原有的嘎拉哈,使它们的形状变化,更容易寻找自己下次抓的对象。抓嘎拉哈时碰动不需要抓的为坏,抓起嘎拉哈没接到沙包或者皮球为坏。玩的时候,最少可以一个人,最多可以很多人,此游戏可提高孩子们的敏捷力。鲁迅说:"游戏是儿童最正当的行为,玩具是儿童的天使。"这些最廉价且残破不堪的玩具成为庆春的最爱,庆春甚

羊拐

至为此狂喜不已。

我的生命骤然的阔绰起来。我请求姐姐给缝了个小布袋,装上那几个羊拐。至于那些模子,便收藏在佛爷桌底下,托灶王爷与灶王奶奶给我看守着;连这么着,我还要一天去看几十遍。到了春天,调一点黄泥,我造出不少的泥饽饽来,强迫着小姐姐收买。她的钱便是些破瓷片儿。等到我把货都卖净,便把瓷片再交回小姐姐,叫她重新再买一次或几次。

家里的房子越来越破旧,晴天的夜晚,星光在屋顶的缝隙里泄露天机。这对于诗人来说是多么浪漫的诗意!可是,对于贫家来说是灾难的信号。每当夏天下大雨的时候,漏雨是习以为常的小插曲,全家更担心的是大雨压塌了屋顶。所以,半夜下大雨的时候,马氏总是要拉起几个孩子来,坐着等到天亮。天亮了,屋里屋外都是水,一片狼藉。马氏和庆春也习以为常了。这个胡同里的大多数人家都是过着相似的日子。大杂院里住着巡警、车夫、工匠、妓女……谁也不比谁更高贵更富有,都是些社会最底层的人。

庆春就在这样的环境里长大,他对这些人的生存状况和性格特点非常了解;也正是这一切,培养了庆春同情和关心下层人民的真挚情感,造就了他在作品中所表现出来的人文主义情怀和人道主义精神。

院子里的树越长越高,枣树长得已经远远高过房脊,房子原来就不高,看样子,树比房子要高出差不多三倍。枝叶依旧相当茂盛。树干长得比脸盆还粗,树皮斑驳,年月的沧桑留下了纵横的深痕,显得老而弥坚。它是记忆,它是历史,它见证了一位作家可爱而又令人心酸的童年和不向命运低头的尊严。

4

我第二次去小杨家胡同是春天，槐树发芽了，每片叶子都是清亮的嫩绿色，全新地笑着，在叶子背后隐藏着每个冬天的坚忍。柳树抽出了柔白的絮，带着点棉花糖的甜香味儿，蝴蝶在微风里飞来飞去，像树叶的恋人。

据说，每一只蝴蝶都是从前的一个花魂，回来寻找它自己。可是，蝴蝶并不是生来就能在花丛中翩翩起舞。蝴蝶一生发育要经过完全变态，即经过卵、幼虫、蛹、成虫四个阶段。蝴蝶将卵产于植物叶面上，幼虫孵化出后，随着生长，经过几次蜕皮，然后吐丝作茧成蛹，最终破壳而出化为蝴蝶。在蜕变成蝶的形态之前，卵、幼虫、蛹的阶段是灰暗、孱弱、丑陋的生命时段，需要躲避天敌的伤害，忍受着饥饿、孤独与漫漫长夜。蝴蝶只有经历了痛苦而漫长的蜕变，翅膀才能舒展开，在

春天的积水潭

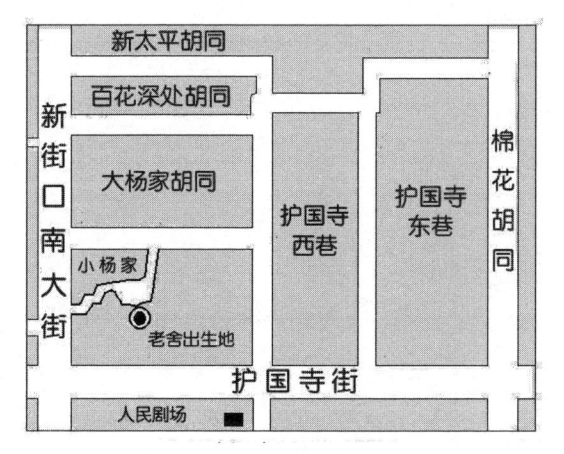

小杨家胡同寻踪地图

蓝天白云烂漫花丛间自由自在飞翔。

蝴蝶飞起的那一瞬间，它一定不会忘记它曾经如何在黑暗中潜伏着，寂寞地编织梦想，艰难地蜕变形态，那段痛楚的记忆，会让它更珍惜明亮的阳光，会让它的舞姿更加轻灵优美。

庆春是小杨家胡同里一个普通平民的儿子，他不会忘记蝴蝶曼妙舞姿背后的沉重而丰富的记忆。

几年前，那棵老树死了，被齐根地伐去，只剩下一团洗衣盆大小的树桩，恰如老舍离开了我们，他没有留下骨灰，但是留下了作品。

东山魁夷说："这就是自然，不光是一片树叶，生活在世界上的万物，都有一个相同的归宿。一叶坠地，决不是毫无意义的。正是这片片黄叶，换来了整个大树的盎然生机。这片树叶的诞生和消亡，正标志着生命的四季不停转化。"

腰牌上的记忆

下了课后,先生总拉着小铃儿说长道短,直到别的孩子都走净,才放他走。那一天师生说闲话,先生顺便的问道:"小铃儿你父亲得什么病死的?你还记得他的模样吗?""不记得!等我回家问我娘去!"小铃儿哭丧着脸,说话的时候,眼睛不住的往别处看。

"小铃儿看这张画片多么好,送给你吧!"先生看见小铃儿可怜的样子,赶快从书架上拿了一张画片给了他。"先生!谢谢你——这个人是谁?"

"这不是咱们常说的那个李鸿章吗!"

"就是他呀!呸!跟日本讲和的!"小铃儿两只明汪汪的眼睛,看看画片,又看先生。

1

  1900年7月,早晨推开屋门,映入眼帘的是蓝的、白的、红的、与抓破脸的牵牛花,带着露水,向上仰着有蕊的喇叭口儿,好像要唱一首荣耀创造者的歌似的,金黄倭瓜花上也许落着个红的蜻蜓。青涩的枣子慢慢染上了太阳的红色,槐树上有碧绿的槐虫吐着丝垂下来。舒永寿从外面回来,走进胡同,他就嗅到了熟悉的炊烟的白而淡的气味,他看到了安静坐在屋檐下的庆春。庆春一岁多了,身体还是孱弱,不会走路,不会说话,然而安详,不缠人不啼哭。舒永寿抚摸着庆春头发稀疏的脑门,庆春开心地裂开嘴笑了,他看到父亲腰上挂着个明晃晃的牌子,他迟疑着想去抚摸一下,他被父亲猛地抱起来,他的耳边听到父亲爽朗的笑声。

  如果时光就此凝固,那该多好。像童话的结尾那样,从此,庆春在父亲的呵护下过着幸福的童年。如果人生可以重新设计,庆春会选择成为一个父母双全的平庸凡人还是著名作家老舍呢?

  可惜人生不可以重新设计,厄运袭来的时候没有选择项。

  8月,八国联军与三伏的暑气一起进至北京城下,14日凌晨发动了总攻。

  俄军攻东直门,日军攻朝阳门。日本人和俄国人所面对的城墙,高六十英尺,顶部宽四十英尺,城墙的顶上聚集着军队。日俄军队整天都被阻截住,作了无数次用强烈棉炸药轰开城门的努力,每次派人去点燃引信时都被打倒了,日本人和俄国人都各遭到了死亡一百人的损失。美军攻东便门,城墙只有三十英尺高,九英尺宽,离清军的火力较远。美军第九步兵队一些人带着星条旗从城墙的角上用梯子爬了上去,上午11时东便门被攻破，部分美军最先攻入外城。英军中午始达北京，攻广渠门，至下午2时许攻入。晚9时，俄、日军各自由东直、朝阳破门而入。

15日，八国联军向北京内城及紫禁城进攻，沙飞将军命令美军在前门集中，在前门上面内城城墙上架了四门大炮，三门大炮瞄准西边一又四分之一英里的顺治门，另一门炮正对准皇城。当联军冲开天安门向皇城的第二道城门进攻时，遭到城墙上、城楼上猛烈火力的攻击。这一天从早到晚，炮声不绝齐向内城轰击，半边天都是通红的。守安定门的前吉林将军延茂知大势已去，遂下城而去。于是，京师内九门全为英、日、美、俄四国所得。清军在各街道与联军巷战，联军与清军交战一日，彼此均不甘休，日、俄、英各军渐渐驱逐清兵退至西北两方。

京城沦陷了。各国司令官"特许军队公开抢劫三日"，像希腊联军洗劫伊利亚特，像高卢人洗劫古罗马城，可是，那是两千年前的悲剧啊，为什么经历了两千年的文明历程，彬彬有礼的骑士又变成了野兽？中国的古老都城和它和顺的子民陷于空前的痛苦之中。日本人植松良二之现场报导说："巍然之橹楼，为联军击碎烧弃，已失数百年来巍兀之美观，旧迹留者，仅一二耳。城内外惨遭兵燹，街市毁失，十分二三。居民四面逃遁，兄弟妻子离散，面目惨淡。货财任人掠夺者有之，妇女任人凌辱者有之，不能自保。此次入京之联军，已非复昔日之纪律严明。将校卒军士，军士约同辈，白昼公然大肆掠夺，此我等所亲见。计京

八国联军进北京

城内富豪大官之居宅，竟无一遭此难者，决非过论。""并将内外银库所贮银两，及钱法堂存贮新铸制钱数百万串，禄米等仓存贮米石，均皆搬运一空。""并闻内廷各宫殿及颐和园内陈设，均已搜掠罄尽云。"

瓦德西给德皇报告称："所有中国此次所受毁损及抢劫之损失，其详数将永远不能查出，但为数必极重大无疑。""又因抢劫时所发生之强奸妇女，残忍行为，随意杀人，无故放火等事，为数极属不少，亦为增加居民痛苦之原因。"

联军洗劫紫禁城、三海、皇史宬、颐和园等。后来，经过统计，天坛损失祭器1148件，社稷坛损失祭器168件，嵩祝寺丢失镀金佛3000余尊、铜佛50余尊、磁佛13尊、磁瓶12对、镀金器物40件、银器7件、铜器4300余件、锡器58堂件、幢幡70堂首、锦缎绣品1400余件、竹木器110余堂份、墨刻珍品1600余轴、乐器100余件。六部九卿等各衙署俱被各国军队占为营房，疯狂洗劫。銮驾库丢失辇乘21乘、銮驾1373件、车轿12件、玉宝2件、皇妃仪杖282件、皇嫔彩杖84件、新旧云盘伞各1件、锦缎旗面133件、象牙9只、象鞍2盘、战鼓2面、更钟2架、静鞭2件以及随什物若干。翰林院丢失数万册经史典籍，《永乐大典》又失去307册，钱法堂的数万串新铸铜钱、太常寺的金钢祭器、光禄寺的金银餐具，均被洗劫一空。日军从户部银库抢走300万两银子和无数绫罗锦缎，从内务府抢走32万石仓米和全部银两。仅各处库款所失约计银6000万两，其他典章文物、国宝奇珍的价值难以估算。各王公府第也极为诱人。法军从礼王府抢走银子200余万两和无数古玩珍宝，又从立山家里抢走365串朝珠和约值300万两白银的古玩。日军从宝均府中抢走藏在井中的30万两白银，据内务府奏："皇宫失去宝物2000余件，内有碧玉弹24颗、四库藏书47506本、金时辰钟2具、李廷圭墨1台、琬挺大屏4扇、玉马1匹、《发逆玺印》1本、真墨晶珠1串、发逆林凤翔、洪宣娇牙齿1合。至于民居、商号、店铺受损无从估计。"

舒永寿是个温和的中年男人，但是他的内心流淌着祖先开国元勋舒穆禄部落的血液，他是正红旗的一名护军，他在风中的硝烟气味里爆发出马背上民族的骁勇善战的血性，他匆匆离家而去，在炮火连天中佩上腰刀去保卫紫禁城。他也许知道，也许不知道，太后和皇上已经偷偷地溜出宫门，落荒而逃，全城人民的命运撒手交给了炮火与洋兵。

舒永寿镇守在北京前门上，背后就是天安门和皇宫。舒永寿和他的战友使用的火器是老式的抬枪。抬枪是清代一种重型鸟枪，长1丈左右，重30多斤。其结构与一般的兵丁鸟枪完全相同，但装药量、射程及杀伤威力远远大于兵丁鸟枪。抬枪很沉重，铸铁做的枪管很长，发射时须两人操纵，一人在前方抬着枪管充当枪架，将枪身架在肩上，另一人在后边瞄准射击。抬枪使用的炸药是黑色火药，呈粉面状，先由枪管口处向里倒炸药，再装枪弹，然后再发射。

清军使用的老式抬枪

清军身上往往背着火药袋子，而在往枪管里灌装炸药时，黑色火药也不免要撒落一地。这很危险，有一个火星就会火烧连营。负责攻打正阳门的侵略者是日本部队，他们深知中国部队火器的弱点，所以除了一般炮弹之外还使用了"燃夷弹"。一发炮弹打过来，城墙上便是一片火海，舒永寿身上背着火药袋子，霎时，他成了一个火球，全身被烧得惨不忍睹，退下城来。

舒永寿看到了八国联军的肆虐，他牵挂着家中的妻儿，他想飞奔回家，用他伤痕累累的手臂去保护妻子儿女。可是，他已经跑不起来了，他挂着腰刀一步步走，走不动了，他就艰难地爬行，用肘、用膝，爬过天安门广场，顺着西长安街再向西，到了南长街再向北，渐渐，疼痛早已麻木，他只有一个意识：这是回家的方向。到了西华门，他再也无力向前，见街道西侧有一间叫"南恒裕"的粮店，半掩着门，他爬进去。主人已逃走，店里空无一人，他只能静静地靠在一隅，等待着未知的命运，等待着黑色的死神。烈火烤焦了他的皮肤，像热油炸过般开了花，疼痛彻骨。他一次次昏迷过去又醒过来，残存的意识像冬天的雾，飘来又飘走，时而清晰些时而迷糊些。墙外面枪炮声还在继续，像春节的爆仗，他似乎看到了庆春可爱的脸庞，他要去给庆春买甜得牙齿要掉下来的糖瓜和杂拌儿；像油锅的爆炒声，舒永寿觉得自己是一条被提出水面的鲤鱼，被浇上了一层热油，燥热痛苦，呼吸艰难。墙壁发着抖，尘土簌簌落下，噼啪如雨点砸下来，他有点清醒起来，可是他的身体不听意识的指挥，他看看那双焦黑的双手，紫胀的腿，很陌生。

不知道过了多久，很多八旗士兵溃败下来，路过此地。有一名士兵进粮店来找水喝，这个士兵恰恰是舒永寿的妻子马氏的内侄。侄子执意要背负伤的姑父回家，舒永寿不肯，他已不能说话，哆嗦着提起因腿肿而脱下来的一双布袜子和一副裤角带，示意要侄子抓紧时间快跑，回家报信。侄子无奈，哭着离去。人生艰难的抉择莫过于此，眼睁睁地放弃亲人的性命奔逃，内心忍受道德的煎熬，可是不如此又毫无办法，只能同归于尽。

家人知道消息之后，城内已大乱，八国联军烧杀掠夺，奸淫妇女，挨家挨户搜刮，无恶不作。庆春家住的小院子也不能幸免，进来了一拨又一拨的侵略军。母亲马氏与十一二岁的小女儿、九岁的儿子庆瑞和一岁多的儿子庆春在家束手无策，一家人唯有哭作一团。等到城里事态稍微平息了一些之后，家人急忙雇了一辆大车到西华门南恒裕粮店

北京曲剧《正红旗下》剧照之舒永寿在南恒裕粮店交代后事

去找受伤的父亲。可是他已经不在那里了。他彻底失踪了，和很多义和团团民、士兵、无辜的人民一样失踪了，没有留下一点痕迹。后来才知道，入城之初，八国联军即包围各坛口搜捕义和团，仅在庄王府一处即杀团民 1700 多名，甚至凡遇中国人就放枪击杀。法军将一群中国人逼到一条死胡同里扫射 15 分钟，直到没有一个活人为止，使馆人员也以杀人为快事，进行杀人竞赛。北京街头尸积如山，联军驱逐华人清理死尸后，又把清理者全部击毙。

舒永寿到底什么时候才受尽苦痛而身亡，他的尸首究竟流落何方，无从知晓。

沿着时间隧道走进两千多年前的另一个国度，同样是死神面前，苏格拉底带着微笑坦然喝下毒药，因为他相信死后，他的灵魂将会跟他的先祖和哲人在一起，因此他带着愉悦的心情赴死。临死前苏格拉底说：告别的时候到了，现在我去死，而你们活着，到底谁更幸福，只有天知道。

可是，舒永寿在最后时刻看到的是祖先宽容的微笑还是失落的愁容？

舒家用一只小木箱，里面装着那双布袜子和裤角带，还有生辰八字，埋葬在黄土里，坟地选在北京德胜门外明光村外的一个小角落里，墓碑上刻着舒永寿的名字。

自此，再无一双父亲的温厚的大手抚摸过庆春的头。

2

春天又来，花木发芽。马氏保留了丈夫所种的花草与爱花草的习惯，院中，舒永寿遗留下的几盆石榴与夹竹桃，会永远得到应有的浇灌与爱护，年年夏天开许多花。

燕子从南方回来，飞过淡蓝的天、解冻的原野，憩息在舒家屋檐之下。它们飞来飞去，衔来春泥垒成一捧灰白色精致窝巢，过了一段时间，巢里就露出了几张鹅黄的小嘴，叽叽喳喳，两只大燕子来回穿梭喂食。马氏对庆春说：这是小燕子的爸爸，这是小燕子的妈妈。庆春仰望着燕儿窝，心中涌过一股说不清的情绪，是羡慕呢还是悲伤？

对于一个男孩成长的生命历程来说，"父亲"和"父亲角色"具有举足轻重的、持久的、不可取代的作用。父亲身上的男性特质，比如果断、刚毅、坚强、有力量、保护性等等，对男孩性格的形成至关重要。"父亲角色"是一种象征，象征力量、规则、权威；"父亲角色"还是一种言传身教，父亲用自身作为儿子效仿的模板、超越的目标，激发儿子成长的动力，用无声的权威指引儿子的未来。父亲这个称呼，对庆春而言是沉重的，年幼的他无从记得父亲的音容笑貌。哥哥庆瑞年纪尚幼，承担不起"父亲"的护佑能力也承担不起"父亲角色"的指引功能。

直到在八九岁的时候，庆春无意中发现了父亲出入皇城的腰牌，上面烫着"面黄无须"四个大字。这就是父亲的形象啊，这四个字烙在了庆春的心里。庆春在十来岁的时候，经常问母亲：父亲是什么样子啊？而母亲若高兴，就把父亲的特点告诉他：他没有嗜好，既不抽烟，也不赌钱，只在过节的时候喝一两杯酒，还没有放下酒杯，他便面若重枣。他最爱花草，每到夏季必以极低的价钱买几棵姥姥不疼、舅舅不爱的五色梅。至于洋麻绳菜与草茉莉等等，则年年自生自长，甚至不用浇水，也到时候就开花。到上班的时候，他便去上班。下了班，他照直地回家。回到家中，他识字不多，所以不去读书；家中只藏着一张画匠画的《王羲之爱鹅》，也并不随时观赏，因为每到除夕才找出来挂在墙上，到了正月十九就摘下来。他只出来进去，劈柴，看看五色梅，或刷一刷米缸。有人跟他说话，他很和气，低声地回答两句。没人问他什么，他便老含笑不语，整天无话可说。对人，他颇有礼貌。但在街上走的时候，他总是目不斜视，非到友人们招呼他，他不会赶上前去请安。一辈子，他没和任何人打过架，吵过嘴。他比谁都更老实。可是，谁也不大欺负他。

庆春举起那块亮闪闪的腰牌，母亲拿着腰牌告诉他：咱们是旗人，庚子年间，你的父亲阵亡了。在庆春的心中，父亲是个和善、内向、爱花草的老实人；父亲是用一月三两饷银养家糊口的一家之主；父亲是个带着腰牌的护军，自尊刚强，保卫皇城，也是全家的保护神。庆春本来可以在父亲温暖的羽翼下度过一个美好童年，可是八国联军的炮火毁灭了这一切。

为国殉难并且尸骨无存这一结局对自己对舒家人而言是多么残酷多么不幸。更为不幸的是，因为清政府的无能，使所有旗人蒙受了"祸国殃民"的罪名。即使像舒永寿这样以身殉职的旗兵形象也无法洗刷去人们心中旗兵游手好闲的印象。多年来，社会上对旗人的看法通常是认为八旗子弟全都是些无用的废物的说法并不确切，虽然到了清代中晚期，官场上的腐败风气日盛，但是某个政府的官场并不能简单地等同于某个民族整体。实际上，19世纪中期的鸦片战争及其以后几十年间，不少八旗下层官兵的心间依然是为爱国护民不惜奉献一切的精神，他们前仆后继、浴血抗敌的事迹，在史书上也多有记载。比如，16日，清军继续在京城各处激烈巷战，目击的美国人说："有数千人自前日下午，已藏于宫墙之内，以候机会。中国枪弹亦甚猛烈，予由破裂倾斜之门跑进，心中跳动不已。""有中国死尸在地，此皆性质坚毅，遇攻不退，死而犹烈者也。"法国大主教樊国梁当日记道："街上防垒甚多，皆以米袋为之。除拳匪及屋内官兵不计外，街上驻守之官兵其数至少也达一千五百，皆持快枪。"可是，有谁来为旗人洗刷耻辱与误会呢？

  一块腰牌成了父亲角色的象征。拿着这块腰牌，舒永寿的形象在庆春心中扎下了根，使他体会到了父辈八旗将士们的血性与刚强。庆春不止继承了父亲的姓氏血脉，还继承了父亲爱国的忠诚。这也就不难理解，1937年，庆春为什么会离开刚刚分娩的妻子与幼弱的儿女，提着皮箱，登上最后一列火车奔赴抗战后方，踏上一条充满艰难困苦、与家人分离的流亡之路，守护自己的气节，为国效力。卢沟桥的炮声开始了他流徙不居的抗战生活，与此同时，他的文学道路和文学理念也随之转型，表现出鲜明的"国家至上"的情感倾向，为抗战写了《国家至上》等大量抗战作品。庆春从父亲身上继承来的血脉不止奔流在身体里，也沸腾在作品里。

  清明的时候，母亲带着年幼的庆春去给舒永寿的衣冠冢上坟。拿着薄薄的一摞纸儿，出了城，母子俩在黄土地上慢慢走着，坟地真远啊，那些黄土路静寂得没有头儿，太阳在黄土岗上头斜着，坟是小小的一堆土，土里是一双袜子和裤脚带。纸焚化了，是些灰白的纸灰，在风里旋转着飞舞着。庆春看着空中飘浮的纸灰，不由得想：父亲在天上看着我们吗？太阳落下去了，母亲拉着庆春回家，走着走着，太黑了，只有天上有个冷清清的月牙儿。父亲、尤其是父亲角

《国家至上》

色的缺失，可能是他一生的遗憾，是他需要终生成长的重要课题。

3

春天里，别的孩子在父亲的怀里撒娇。庆春，只有一块冰冷的腰牌。在庆春的梦里，舒永寿可曾来探望他的幼儿？

夜深了，庆春抱着这块腰牌入睡了。这块腰牌是家族的历史，是悠长的思念，是生命的荣光。

乍暖还寒的夜，是庆春的小心窝温暖了腰牌，还是腰牌呵护着庆春的睡梦……

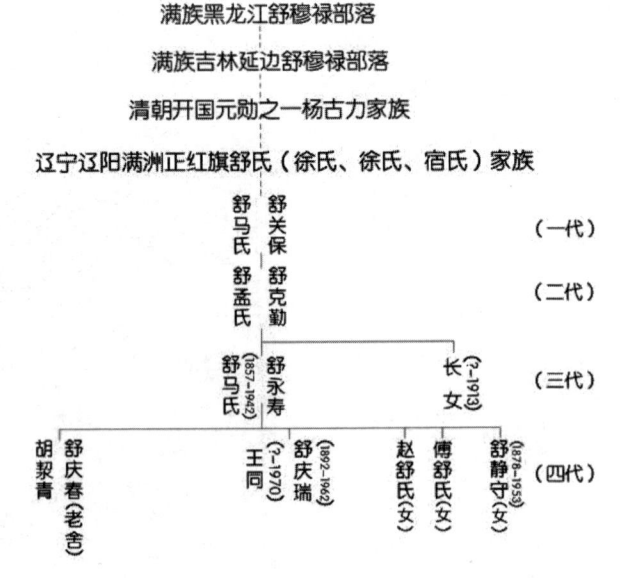

满族黑龙江舒穆禄部落
满族吉林延边舒穆禄部落
清朝开国元勋之一杨古力家族
辽宁辽阳满洲正红旗舒氏（徐氏、徐氏、宿氏）家族

舒马氏 舒孟氏	舒关保 舒克勤	（一代）（二代）
	舒马氏(1857-1942) 舒永寿	长女(?-1913) （三代）
胡絜青	舒庆春(老舍) 王同 舒庆瑞(?-1970) 舒庆瑞(1892-1942) 赵舒氏(女) 傅舒氏(女) 舒静守(女)(1878-1953)	（四代）

舒家支系简介

母亲的眸

生命是母亲给我的。我之能长大成人,是母亲的血汗灌养的。我之能成为一个不十分坏的人,是母亲感化的。我的性格,习惯,是母亲传给的。她一世未曾享过一天福,临死还吃的是粗粮。唉!还说什么呢?心痛!心痛!

1

初冬,风吹着窗纸,夜游的鸟儿飞过。突然,安静睡着的不到两岁的庆春爆发出一阵猛烈的啼哭,他的黑亮的眼睛浸泡在泪水里,尖锐的哭声穿透了浓重夜色。舒永寿去世后,庆春总是这样无来由骤然啼哭起来。

母亲马氏放下手里的针线活抱起庆春,轻声哄着,她的眼圈有点红,却是硬生生把眼泪咽下去。昏黄的灯光把这个身量不高的女人的影子拉长,她的脸色黄黄的,但是非常干净恬静,鼻子小而端正,眼睛很黑很亮,目光里有一种不容侵犯的坚定。她轻轻拍着庆春,一面暗暗祷告着上苍,让舒永寿的灵魂安息,她历尽苦难也要拖儿带女顽强生活下去。慢慢的,庆春又睡着了。马氏捻了捻灯芯,继续做着针线活。小小的灯芯映在她的眼眸里,像两只小小的金色火把,跳跃着,闪烁着,在这安静的夜,针线穿过衣襟,窗外有叶子黄了落了,发出沙沙的声音,马氏想起了在土城外故乡的杨树林。

一个普通女人的生命回忆起来不会有太多的大风大浪。马氏的娘家是正黄旗,虽是旗人,却并非皇家金枝玉叶。她生于农家,娘家在德胜门外通大钟寺的大路上的一个小村里,村里一共有四五家人家,都姓马,大家种不十分肥美的地,养不起牛马,人手不够的时候,妇女便也须下地做活。她还记得泥土的松软与河水里飘来的水草的气味,在这样的田野里成长起来的女子健壮得如同一匹小马驹,性格也磨砺得坚毅有主见。一个晴美的日子,她嫁给了正红旗的舒永寿,嘹亮的唢呐声吹奏着"汉江春早""一枝花""百鸟朝凤",她羞涩地看着穿戴一新年轻精神的新郎官儿,她黑亮的眼眸像湖水一样晶莹,他宽宽的肩膀与敦厚的笑容让她觉得安心而温暖。婚后,他勤勤勉勉地当值,领回来饷银和老米,她利落妥帖地收拾这小小院落,不管多忙碌,院子屋中都是收拾得清清爽爽,桌面上没有尘土,箱柜上的铜活发着光。很快的,她生下一个一个孩子,孩子像小枣树一样窜高了,长大了,嫁人了,她也慢慢老了。哪个旗人的女子不是这样的一生呢。这一生几乎没有什么波澜,似乎漫长,也似乎短快,日头绕过院墙,回首间生了华发。

可是,命运的浪头拍岸而来,瞬间那个执子之手、与子偕老的人撒手而去,国破家亡。她只是个普通的女人,这灾难来得如此直截了当,让她连擦眼泪的时间都没有。皇上跑了,丈夫死了,鬼子来了,满城是血光火焰,可是她不能怕,她要在刺刀下,饥荒中,保护着儿女。北平有多少变乱啊，有时候兵变了，街市整条的烧起，火团落在舒家的小院中。有时候内战了，城门紧闭，铺店关门，昼夜响着枪炮。这惊恐，这紧张，再加上一家饮食的筹划，儿女安全的顾虑，一个软弱的寡妇能受得起的吗？在心要碎的时节，马氏的心横起来，她把牙咬紧。她不慌不哭，要从无办法中想出办法来。为丈夫修了衣冠冢，为了孩子的衣食，她带着孝去给店铺的伙计、屠户们洗衣服，缝补衣服。白天，洗一两大绿瓦盆衣服，做事永远丝毫不敷衍，屠户们送来的黑如铁的布袜，她也给洗得雪白。晚间，她与小女儿抱着一盏油灯缝补衣服，一直到半夜。

针扎到了指头上，她颤了一下，她的手终年是鲜红微肿的。她熄了灯，天色也快亮起来了，新的一天又开始了。

2

严寒的冬天过去了，马氏把丈夫遗留下来的几盆石榴与夹竹桃搬到院子里，因为得到了应有的爱护与浇灌，这些花草生长得很旺盛。庆春和花草一样，在春阳里抬起了头，也有了精神。看到母亲和姐姐浇花，庆春就张罗着取水；看到母亲和姐姐扫地，庆春就歪歪斜斜地走过去撮土。从简单的生活里，庆春学得了爱花，爱清洁，守秩序。这些习惯被庆春保留一生。

夏天，花儿开了，庆春看着蝴蝶和蜻蜓飞来飞去，笑了，母亲看着庆春也笑了。母亲笑起来很美，眼睛弯弯的，像月牙儿。马氏有条有理地干着活儿，她能洗能作，还会给婴儿洗三，穷朋友们可以因此少花一笔"请姥姥"钱；她会刮痧；她会给孩子们剃头；她会给少妇们绞脸……凡是她能作的，都有求必应。乍一看，她仿佛没有什么力气，不过，她一气就能洗出一大堆衣裳，她时常发愁，可决不肯推卸责任。

秋天来了，客人来了，无论手中怎么窘，马氏也要设法弄一点东西去款待。有时候,庆春的舅父与表哥们自己掏钱买酒肉食,使她既感受到娘家人的贴心又有一些歉疚而脸上羞得绯红,她殷勤地给他们温酒作面,表达着自己的喜悦与欢迎。有时候是亲家来了,亲家是佐领的身份,他一讲起养鸟、养蝈蝈与蛐蛐的经验,便忘了时间,午饭的时候还要格外嘱咐:"亲家太太,我还真有点饿了呢!千万别麻烦,到天泰轩叫一个干炸小丸子、一卖木樨肉、一中碗酸辣汤,多加胡椒面和香菜,就行啦!就这么办吧!"钱在哪儿呢?马氏还是体面地招待了亲家,全家却要艰苦度日几天。遇上亲友家中有喜丧事,马氏必把大褂洗得干干净净,亲自去贺吊——份礼也许只是两吊小钱。庆春也有好客的习性,因为自幼儿看惯了的事情是不易改掉的。

　　冬天来了,姑母的脾气闹厉害了。姑母常在鸡蛋里找骨头,是家中的阎王。姑母若是去赌钱,马氏便须等到半夜,若是忽然下了雨或雪,马氏和小女儿还得拿着雨伞去接。姑母闹起脾气来是变化万端、神鬼难测,假若她本是因嫌茶凉而闹起来,闹着闹着就也许成为茶烫坏她的舌头,而且全家都牵扯在内,都有意要烫她的嘴,使她没法儿吃东西,诅咒她饿死!全家就要三四天不得安宁!直到庆春入了中学,姑母才死去。面对姑母的无理蛮横,马氏没有反抗过,她不会吵嘴打架斗气,她认为家和万事兴,退一步海阔天空。别人为她打抱不平的时候,她则平静地说:"没受过婆婆的气,还不受大姑子的吗?命当如此!"当姑母死去的时候,马氏哭了,她哭得那样伤心,不只在哭姑母,也在哭自己所受的一世的委屈,一直哭到坟地。办完了丧事儿,不知道哪里来了一位自称姑母婆家的侄子说有承继权。马氏一声不响地教他搬走那些破桌子烂板凳,而且把姑母养的一只肥母鸡也送给他。

　　海明威说:"在人的清醒时刻,在哀痛和伤心的阴影之下,人们离真实的自我最接近。"

　　马氏宁可吃亏,也不愿意占他人一丝便宜。成年后,庆春对一切人与事，都取和平的态度，把吃亏看做当然的。但是，在做人上，庆春有一定的宗旨与基本的法则，什么事都可将就，而不能超过自己划好的界限。

年节往往是忙碌而热闹的。庆春在胡同里玩耍，看见街上的人家采备年货，便兴奋地跑回来向母亲马氏报告，谁家买了多少鞭炮，谁家请了一台蜜供，比桌子还高，谁家正在剁肉馅包饺子。马氏在这个时候会平静地对他说："我们不和人家比，别着急，我们也会动手包饺子，自己包的饺子最好吃，虽然咱们包的菜多肉少。"

马氏把炉灰面筛得很细，用它来擦拭缺胳膊短腿的家具上的包角铜活，擦得锃亮，还会把一张不知怎么保存下来的老画《王羲之爱鹅》挂出来，再点燃一支小小的红蜡烛，让这个只有孤儿寡母的家在过年的时候透出红火火的热闹味儿来。

马氏是个不识字的满族妇女，生性好强，一生勤劳。她内心的刚强、正直和外表的和气、热情一直影响了她的后代，融入了他们的血脉，铸造了他们的性格。

3

马氏得到的抚恤金是一个护军减半的钱粮，晚清国运不济，已不能按时发放，拿到手的也是成色不足的银子，含金量大打折扣。马氏的负担很重，除了一岁多的小儿子之外她还有未出阁的三女儿和儿子庆瑞，还有一位大姑子跟她们同住。

马氏精打细算地安排着家里的生活。全家从不去吃饭馆，全家人佐饭的菜，夏天就是盐拌小葱，冬天就是腌白菜帮子补点辣椒油；也不会与较大的铺户，如绸缎庄、首饰楼、同仁堂老药铺等等发生贸易关系。每月必须花费有请几束高香，买一些茶叶末儿，再就是请人送水和买烧饼。香烛店与茶庄都讲现钱交易，概不赊欠。送水的和卖烧饼的允许赊欠，那时院里并没有自来水，大家都吃井水，靠送水的车子挨家挨户地送。每送一挑水，就在墙上画一道记号，先赊后还，月底结账。在街门外的墙垛子上有两排用瓦片刻画的记号，每五道为一组，颇像鸡爪子，到月底按鸡爪子的多少还钱。其中一组是买烧饼赊的账，另一组是买水赊的账。

即使如此精打细算，钱总还是不够花。最犯愁的事是每当领了钱饷回来，不知该如何分配这些为数可怜的银子，是还上月的债呢，还是安排下个月的嚼谷呢。小女儿赶紧给她倒上一碗用小沙壶沏的茶叶末儿，解渴，清火，马氏喝了茶，脱了刚才上街穿的袍罩，盘腿坐在炕上。她抓些铜钱当算盘用，大点儿的代表一吊，小点的代表一百。她先核计该还多少债，口中念念有词，手里掂动着几个铜钱，而后摆在左方。左方摆好，一看右方（过日子的钱）太少，就又轻轻地从左方撤下几个钱，心想：对油盐店多说几句好话，也许可以少还几个。想着想着，她的手心上就出了汗，很快地又把撤下的钱补还原位。不，她不喜欢低三下四地向债主求情；还！还清！剩多剩少，就是一个不剩，也比叫掌柜的或大徒弟高声申斥好得多。倒过来翻过去，怎么也不够用。索性都还了债，无债一身轻，但下个月怎么办呢，只能喝西北风了，难啊。穷人的尊严与志气就是在这些账目债务里被磨砺着，如同鞋子里的一粒沙子，琐碎细小的事情偏偏让人举步维艰。

庆瑞要娶媳妇了，这可是个打光棍的年月，穷人太多了，姑娘家全都惦着攀高枝，没有哪个黄花闺女乐意嫁到穷家小户。要强的母亲给庆瑞拉成了一门亲，是在土城黄亭子开茶馆的庆春表舅家的闺女。表舅说：我不图别的，就图你们舒家名声好，名声清白。这件事给庆春印象特别深，在以后的生涯里，他总是把名声看得很重，半点不肯含糊。庆瑞的亲事定下来了，舒家祖坟地典了出去，八个大字："钱无利息，地

无租价。"六十块钱，一手交钱，一手交地。穷人啊，为了生活，能典的全都典出去了。老舒家的祖坟典了出去，庆瑞的媳妇娶过来了。小女儿要嫁人了。自舒永寿死后，家中一切的事情都是马氏和小女儿共同撑持，小女儿是马氏的右手。但是马氏知道这右手必须割去，她不能为自己的便利而耽误了女儿的青春。花轿来到舒家的破门外的时候，是阴历四月，天气很暖，柳絮儿扑到人脸上，痒痒的。马氏的手就和冰一样的凉，脸上没有血色，她挣扎着，咬着嘴唇，手扶着门框，看花轿徐徐地走去。

老舍在1923年送给北京师范好友关实之的照片

　　庆春长大了，小学毕业的时候，亲友一致愿意庆春去学手艺，好帮助母亲。庆春晓得自己应当像周围很多八旗子弟一样，像自己的哥哥庆瑞一样，沿街做小买卖，或者去做学徒，以减轻母亲的勤劳困苦。可是，庆春多么希望读书啊，他偷偷地考了制服、饭食、书籍、宿处都由学校供给的师范学校。可是入学要交十元的保证金，这是一笔巨款！马氏作了半个月的难，把这巨款筹到，而后含泪把庆春送出门去。她不辞劳苦，只要儿子有出息。

　　不久，姑母死了。女儿们俱已出嫁，庆瑞在外当差，庆春在师范学校住校，家中只剩马氏自己，她自晓至晚地操作，终日没人和她说一句话。她的眼睛还是那么黑,却黯淡了很多,像夕阳落山后的无边的黄昏,庆春在母亲的眼睛里看到了孤独与衰老。

庆春师范毕业的时候,因为学业成绩优异,而被派为方家胡同小学的校长。那一夜,马氏整夜不能合眼,从前的往事一幕幕从眼前闪过,灶王爷上天的火花、八国联军的炮火、丈夫的腰牌儿、大盆的衣服鞋袜与肥皂、做学校老妈子的辛劳、持续几天挨饿的心慌……

庆春轻声说:"以后,您可以歇一歇了!"

她说不出话来,只有一串串眼泪掉下来。

4

现代文学文学史上有一个有趣的现象,那就是文学创作中对"寡母"主题格外关注,更值得关注的是,很多优秀的作家本身就是由寡母抚育长大的。

中国传统文化中的"节操"观使中国社会存在不少"寡母"。中国新文学史上很多作家在作品中积极反映"寡母"主题,表达对传统文化的反思与对弱势群体的关注。鲁迅的《祝福》《明天》《风波》《颓败线上的颤动》,蹇先艾的《水葬》,台静农的《新坟》,许地山的《万物之母》,袁昌英的《孔雀东南飞》,柔石的《二月》,丁玲的《母亲》,萧红的《牛车上》,老舍的《月牙儿》《正红旗下》,巴金的《寒夜》,曹禺的《原野》,张爱玲的《金锁记》,梅娘的《鱼》,阮章竞的《漳河水》,沙汀的《淘金记》,韦君宜的《洗礼》等等作品中就出现了各种不同类型的"寡母形象"。同时,不少作家本身就是"寡母抚孤"现象里的孤儿,中国现代文学史上的代表人物胡适、鲁迅、茅盾、老舍等居然都有着幼年丧父的惨痛经历。鲁迅的父亲去世的时候,鲁迅十四岁;茅盾十岁的时候,父亲病逝;胡传病死在厦门的时候,胡适才三岁多一点。老舍更为悲惨，一岁多一点，父亲去世。这四位大师都是由寡母抚养成人，从母亲那里接受了影响一生的生命教育，都对母亲孝敬顺从，而且都在文学方面成就非凡。

庆春最终离开了北京城，二十七岁的时候，他漂洋过海去了英国，他希望在异域他乡看到不一样的风景。离开的时候，他没有回头，他怕看六十多岁老母亲依依不舍的眼神。在母亲七十大寿的那一天，庆春还远在异域，据姐姐们后来告诉他，老太太只喝了两口酒，很早地便睡下，她想念她的幼子。

"七七"抗战后，庆春由济南逃出来。北平又像庚子那年似的被鬼子占据了，母亲怎样想念庆春，庆春可以想象得到，可是庆春不能回去。人，即使活到八九十岁，有母亲便可以多少还有点孩子气。

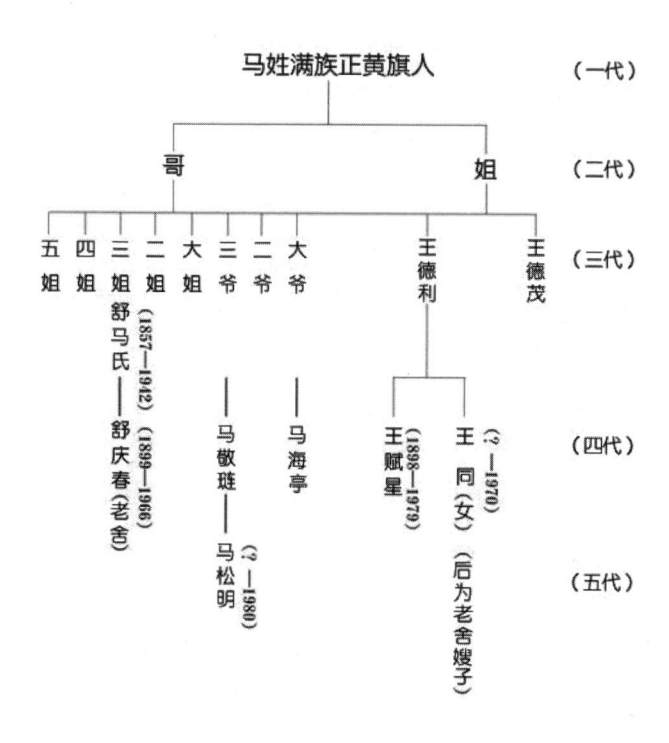

老舍母亲家族支系图示

记得听过这么一个笑话：儿子早晨去上班，妈妈照例嘱咐：车票带了没有，不要坐过站，下车的时候不要忘记拿包。儿子不耐烦地说：妈妈，您每天都嘱咐我这些，您别担心了，您嘱咐的这些我都会做好。因为，第一，我是大学的校长，第二，我已经六十岁了。

子女年龄再大，在母亲眼里依然还是孩子。

有母亲的人，心里是安定的。抗战的硝烟无情阻断沦陷区与国统区的联系，一封家书辗转多日才能收到，读每一个字都是沉甸甸的，仿佛母亲望穿秋水的眼眸。

马氏去世一年，庆春才知道消息。

失了慈母便像花插在瓶子里，虽然还有色有香，却失去了根。

阳　光

没有他，我也许一辈子也不会入学读书。没有他，我也许永远想不起帮助别人有什么乐趣与意义。他是不是真的成了佛？我不知道。但是，我的确相信他的居心与言行是与佛相近似的。我在精神上物质上都受过他的好处，现在我的确愿意他真的成了佛，并且盼望他以佛心引领我向善，正像在三十五年前，他拉着我去入私塾那样！

1

庆春在狭窄而又破旧的院中度过了他贫穷、孤寂而又欢乐的童年。他常常在院子里和小姐姐一起玩羊拐子，玩腻了便用模子扣各式各样的泥饽饽。再长大一点，庆春会去家附近的积水潭玩耍。积水潭是一汪碧绿的清水，水里有黑豆豆一样的小蝌蚪，潭边芦苇叶上还有淡蓝色的嫩蜻蜓呢。

最开心的事情是庆春要上学了。庆春小的时候，病猫一样，家里又贫。母亲有时候想教庆春去上学，怕他受人家的欺负，更交不上学费，所以一直到八岁庆春还不识一个字。荒来荒去，倘使不是一个人的出现，庆春也许就长到十多岁依然贫而不识字，很自然地去做个小买卖——弄个小筐，卖些花生、煮豌豆或樱桃什么的，要不然就是去学徒。在穷人的世界里，穷困比爱心更有力量。

一天，温暖的阳光照进了舒家破烂的小院里，有个善人来到了舒家的小院里，他的声音是那么洪亮，他的衣服是那么华丽，他的眼是那么亮，他的脸和手是那么白嫩肥胖，舒家的小屋，破桌凳，土炕，几乎禁不住他声音的震动。善人告诉马氏："明天早上我来，带他上学，学钱、书籍，大姐你都不必管！"善人送来课本，送来做一身服装的布料，他办了一间私塾，给自己的孩子和朋友的孩子上课。庆春的心激烈地跳着，恨不得自己也要跳起来，他多么盼着去上学啊。第二天，庆春像一条不体面的小狗似的，随着这位善人去入学。学校在离家有半里多地的一座道士庙里，是一家改良私塾。道士庙不大，充满了各种气味：一进山门先有一股大烟味，紧跟着便是糖精味，因为有一家熬制糖球糖块的作坊，再往里，是五谷轮回之所的厕所味，以及别的说不清道不明或浓或淡的各种臭味。学校在大殿里，大殿两旁的小屋住着道士和道士的家眷。大殿很黑、很冷，神像被黄布遮挡起来，供桌上摆着孔圣人的牌位，三十多个学生面朝西坐着，西墙上有一块黑板。善人把庆春交给了死板而有爱心的李老师，教庆春拜圣人及老师，老师给了他一本《地球韵言》和一本《三字经》，庆春就变成了小学生。

善人叫刘寿绵，满族，京城粤海刘家的独生子，非常富有。刘家的宅子有两个大院子，院中几十间房屋都是出廊的。院后，是一座相当大的花园。宅子的左右前后全是他的房屋，若是把那些房子齐齐地排起来，可以占半条大街。此外，他还有几处店铺。刘家是内务府的人，因祖上曾在广东负责海外贸易，所以冠以"粤海"二字以示大有来历。刘寿绵过着衣食无忧的生活，却很爱做善事，在街面上有"刘善人"的美称。庆春的曾祖母跟着刘家的满族大员到过云南等遥远的地方，任务是搀扶着大夫人上轿下轿，并给夫人装烟倒茶。从云南回来后，曾祖母攒了一笔钱，买下一所小房子，就是庆春所住的小杨家胡同的院子。舒家并不是刘家的家奴，却不曾断了来往。刘寿绵有一个女儿，比庆春早出生一天，所以他看到女儿的时候也就常常想起庆春。女儿做满月，刘寿绵也会给舒家送份礼物，女儿该上学了，刘寿绵也会想起舒家也有一个小男孩该上学了。

做了学生以后，庆春时常到刘家去。庆春从未见过那么漂亮、洁净的房舍，开满海棠花的大花园，散发着甜蜜的花香味儿，蜜蜂嗡嗡地飞来飞去，好像永远是春天。庆春感觉到了差距，同样是人，生活的境遇却如此不同。走过雕花的木廊，庆春会禁不住放慢脚步，唯恐碰坏了什么惊动了什么，他只是个穷孩子啊。做一个穷孩子，庆春曾经见过很多有钱人的白眼与漠视，那种来自金钱的傲慢，像冬天的寒风吹进庆春的骨头缝里。可是，刘寿绵却不是这样，每逢庆春去，他一定热情地招呼庆春吃饭，或给庆春一些从没见过的精致美味的点心。他绝不因为庆春是一个苦孩子而冷淡他。他是阔大爷没错，但是，他心里却没有贫富差距，从不以富傲人。

在庆春由私塾转入公立学校去的时候，刘寿绵又来帮忙，跑腿，送学费。这时候，他不是一个阔大爷了，他的财产已大半出了手，有一部分是卖掉的，也有一部分是被人骗了去的，可是他的笑声照旧是洪亮的。庆春中学毕业的时候，他已没什么财产了，只剩了那个后花园。他并不在意，贫与富在他心中是完全一样的。假若在这时候，他要是不再随便花钱，他至少可以保住那座花园和城外的地产。可是，他继续好善，去办贫儿学校粥厂等慈善事业。他忘了自己，也忘记了自己的妻儿，他自己的儿女受着饥寒，他自己受尽折磨，他还是一如既往。庆春也来帮忙了，他办贫儿学校，庆春去就做义务教师；他施舍粮米，庆春就去帮忙调查及散放。

在庆春出国以前，刘寿绵的儿子死了。他的儿子到贫民区去考察以准备救济粮食，结果，在路上坠马身亡。白发人送完黑发人后，刘寿绵彻底看破了红尘，舍弃了家产与妻女到西四的广济寺出了家，法号宗月，他的夫人与小姐也入庵为尼。广济寺的现明法师把他安排到北京的一个大寺庙柏灵寺当住持。由于他不惜变卖庙产去救济穷人，因此被驱除出来。后来，他住在鹫峰寺后院的一个小房子，仅有一张床、一张桌子、两把椅子。他自己没有钱，他穷，他忙，他每日只进一顿简单的素餐，他须天天为僧众们找到斋吃，同时，他还举办粥厂等等慈善事业。他入庙为僧前吃的是山珍海味，穿的是绫罗绸缎，他也嫖也赌。现在，他每日一餐，入秋还穿着件夏布道袍，苦修，他的脸上还是红红的，笑声还是洪亮的。他白天在各处筹钱办事，晚间在小室里作功夫。他持戒越来越严，对经义也深有所获。谁见到这位破和尚也不曾想到他曾是个在金子里长起来的阔大爷。

抗战爆发后，宗月大师积极声援中国军民的抗日行动。北京沦陷了，日本侵略者利用各种手段威胁宗月大师，让其加入日伪组织的佛教会、授予"满洲国师"称号、邀请其访日，这些都被宗月大师严词拒绝。对京津一带出现的大量难民，宗月大师则关心备至，积极组织救济，得到难民的爱戴。最值得称道的是，宗月大师冒着生命危险，掩埋了抗日战争中阵亡的中国军民遗骸。

1938年8月南口战役后，中日军队伤亡重大，日本人打扫战场时，只掩埋或火化日军士兵遗体，对中国人的遗骸不管不顾，许多中国人因为怕被日伪政府怀疑"通敌"不敢去收尸，北京周边战场上数千具中国人的尸体暴露荒野。宗月大师手举一面自己设计的大旗领着数十名僧人和少数青年俗人去掩埋中国军民的遗骸。在寒冬中，他们持续工作了一个多月，找到并掩埋了3000多具尸体。在掩埋过程中，如果发现日本士兵遗体，宗月大师本着佛教的悲悯精神将日兵遗体一并掩埋。寒冷的天气加之年老体弱，宗月大师病倒了，但他坚持掩埋完最后一具尸体才同大家一起回城。

1939年的一天，他正给一位圆寂了的和尚念经，忽然闭上了眼，就坐化了。火葬后，人们在他的身上发现许多舍利。宗月大师圆寂后出殡时，半个京城的贫民，自动走上街头为他送葬，他们都是受过他恩惠的百姓。

安徒生说：世界的历史像一个幻灯。它在现代的黑暗背景上，放映出明朗的片子，说明那些造福人类的善人和天才的殉道者在怎样走着荆棘路。

宗月大师给了庆春太多影响，在精神上物质上都给了庆春太多帮助。没有他，庆春也许一辈子也不会入学读书，也就不会有作家老舍。在一个孩子初涉社会的时候，他给了贫穷的庆春以平等与尊重，用自己的行为演绎了什么是视金钱如粪土，让庆春知道这个世界上还有很多比金钱更重要的东西。

宗月大师

2

上学之后，庆春有了很多同学，也有了很多朋友。庆春和朋友一起去放风筝。那半空中随风沉浮的风筝，晃如一只海鸟，在云海里游弋。时而风平云住，它又犹如一只在碧空中滑行的鹞鹰。这情景使庆春和朋友们陶醉了。在八九岁的孩子心里，游戏、玩耍便是欢乐，是幻想，是希望，是一切。

庆春有一个好朋友，外号"歪毛儿"，他的脸像杨柳青年画上抱着金鲤鱼的白胖娃娃，单眼皮，小圆鼻子，清秀好看。一跑，俩歪毛左右开弓的敲着脸蛋，像个拨浪鼓儿。青嫩头皮，剃头之后，谁也想轻敲他三下——剃头打三光。就是稍打重了些，他也不急。庆春则因为儿时营养不良头发稀少得外号"小秃儿"，天生洒脱、豪放、有劲，把力量蕴藏在里面而不轻易表现出来，被老师打断了藤教鞭，疼得眼泪在眼睛里乱转也不肯掉下一滴泪珠或讨半句饶。

下午放学后，小秃儿和歪毛儿就撒丫子跑到了天桥。天桥位于宣武区东部正阳门外，原有汉白玉石桥一座，因明清两代皇帝祭天坛时必经之路而命名天桥，按照历代的惯例，天桥应该称作朱雀桥。天桥地区的范围包括正阳门大街，经东西珠市口而南，迄天坛坛门之西北，永定门之北地区。这里是下层社会民众消费和娱乐的地方，许多江湖艺人在天桥"撂地"。所谓"撂地"就是在地上画个白圈儿，作为演出场子，行话"画锅"。锅是做饭用的，画了锅，有了个场子，艺人就有碗饭吃了。清末民初，随着南城前门一带交通商贸文化娱乐的发展、市民阶层的壮大，天桥一带更兴隆起来。过去不允许的戏园子、游艺园出现了，商业、服务业、手工业更兴旺，民间艺人来这里卖艺设场的竟多达五六万人。天桥市场集吃喝玩乐、游览购物于一地。来客即使身无分文，也可以在卖艺者的露天"剧场"外驻足观赏，得到各种艺术享受。天桥市场的杂耍表演是一大特色，不但项目繁多，而且技艺高超。拉弓、举刀、舞叉、爬竿、耍中幡、车技、硬气功，老一代的民间技艺，汇聚与此，应有尽有。多少曲艺和杂技中的曲种、绝技，如相声、双簧、快板，武术中的硬气功、杠子和车技、空竹等都是在天桥发展起来的。

  小哥俩一到天桥，先一头扎进杂耍场子。随着紧锣密鼓拉开了场子，班主上来了："在家靠父母，出门靠朋友，四海之内皆兄弟，诸位能赏光站个场，兄弟就感恩不尽了。"接着叮咣五四耍两下子，绝不会多，就两下子。又吆喝上了："光说不练假把式，光练不说傻把式，又说又练真把式。"咣、咣、咣、咣，瞧那架式，马上就要玩真格的了。不然，他又站在那儿说开了，你也闹不清他有多大道道。明眼人知道，这是抻着呢！要钱！几个大子甩下去，乒乓五四好歹练上一通，没半袋烟功夫，鼓息锣停。耍手艺的人把金灿灿的小锣一翻个儿，嘴里又开始吆喝。没别的，还是要钱。趁着小铜锣翻个的当儿，小哥俩转身又钻进了戏园子。这里是名优俞振庭约女伶孙一清合演成班大戏，全本连台，文武全活。小哥俩混进来，先听一段"苏三起解"，又来段"水漫金山"，日子长了，庆春也会哼上两句什么西皮、二黄之类，打上半套夹生的拳脚。祖辈们这种散发着泥

《方珍珠》

土芳香的艺术熏陶，牢牢地铸进了小秃儿的大脑里。日后，他把这些丰富生活写进了《断魂枪》《方珍珠》《鼓书艺人》里。

歪毛儿家境好，家里常给零花钱。小秃儿家里拮据，兜里干净得很。于是，歪毛儿总是替小秃儿出钱。朋友，就是有福同享，有难同当。后来，这个小学堂改办女学。小秃儿就转入南草厂的第十四小学，歪毛儿转到报子胡同第四小学，他们不大见面了。不过，他们的友情可是长存着。

罗常培

歪毛儿，就是著名语言学家罗常培。

3

1913年的年初，师范学校招生，这是辛亥革命前后出现在中国大地上的一件新鲜事，其目的是培养新型的小学师资，课程设置完全是效仿日本的师范中等学校，也就是说，除了国文还是古典的汉语之外，其他一切课程都是参考西洋和东洋的教材，师范是中国教育向现代化迈出的第一步。师范学校的一切都是免费的，管吃管住管穿管学费。招生五十名，消息传出，一下子报名了一千人，凭考试成绩择优录取。庆春没跟母亲商量就报了名，考了试。到发榜的时候，他榜上有名。考上师范学校这是辛亥革命带给老舍的头一件礼物，几乎完全改变了他的人生命运。他搬到学校去住宿，从此，他离开了那个穷苦的家，除了短暂地看望母亲之外，再也没有回来长住过，这一年，他刚满十四岁。

当时师范学校的师资力量非常强，北京师范学校的校长先后有两位,方还先生和陆鋆先生,都是大教育家。教员中许多人是留学生。学校的硬件也很齐备,有中西结合风格的现代校舍,有理化生物实验室,有大图书馆,有劳作室,有风琴,有洋鼓洋号,还有真枪实弹可供军事演习。学生每人都发呢子制服和呢大衣,发皮靴,发帽子。学校的校制是一年预科,四年本科。学习的课程很齐全,也很现代,包括博物学中的动物学、植物学和矿物学,还有心理学、教育学,学生一律要学英语。庆春这一届是北京师范学校的第一届科班学生,学到1918年正式毕业。庆春在校时,他们爱学生如亲子。庆春受他们的影响很大。庆春后来一辈子总在自己的书桌上方悬挂着方还校长的题字,可见他对方还校长的尊敬、爱戴和感恩。

师范学校改用阳历,旧历的除夕必须回学校去,不准请假。除夕,庆春请了两小时的假,由拥挤不堪的街市回到家中。家中清炉冷灶,马氏没有像往年一样把"王羲之"找出来挂上,看到小儿子,马氏笑了,她赶忙去生火洗菜张罗晚饭。吃过晚饭,庆春告诉母亲自己还得回校。马氏愣住了,半天,她才叹出一口气来。到庆春该走的时候,她递给庆春一些花生,"去吧,小子!"街上是那么热闹,走亲串友的人们、不绝于耳的爆竹声、夜市小贩的叫卖声……庆春却什么也没看见,泪遮迷了庆春的眼睛,他似乎失去了感觉,不知道走了多少时候才走到学校。他感受到了自己的脆弱与无力,他甚至不能给母亲多一点宽慰。

到了学校,学监先生正在学监室门口站着。他知道庆春家里的情况,他先问庆春:"回来了?"庆春行了个礼。他点了点头,笑着叫了庆春一声:"你还回去吧。"这一笑,永远印在庆春心中,像明亮阳光照着潮湿的草地,像天使的笑容啊。

庆春在那一瞬间是否想起了尼采的呼唤:

"哦,我的灵魂哟,我在一切僻静的角落救你出来,我刷去你身上的尘土,和蜘蛛,和黄昏的暗影。

哦，我的灵魂哟，我洗却了你的琐屑的耻辱和鄙陋的道德，我劝你赤裸昂于太阳之前。"

4

安德鲁·卡内基说："一个年轻人最大的财富莫过于出生于贫贱之家。"贫穷在心理感受、人生阅历方面是一笔宝贵的精神财富。贫穷会激励人奋进，带来上进心与危机感，这也正是古人所说的"生于忧患，死于安乐"。同时，贫穷的生命体验会增加人们对弱小者的同情与关注，以及学会对生活感恩。

在文学领域，作家的贫穷轶事也广为流传，穷人出身在世界著名作家中不乏获得成功的个例，贫困的人生经历为他们带来了特殊的生命体验，进而带来了丰富的写作素材与观察世界的独特视角。年轻时的左拉很穷，为了抵挡饥饿，他拿捕雀器在屋顶上捉麻雀，用挂窗帘的铁丝将麻雀串起来在火上烤着吃；为了坚持写作，他把仅有的几件衣服也送进了当铺，只能用被子来御寒。偶尔得到一个蜡烛头，他竟会如过节似的高兴，因为夜里可以读书写作了。正是贫穷磨砺了他的意志，他终于写成了轰动一时的《卢贡·马卡尔家族》。高尔基出生在俄国中部的尼日尼·诺夫戈罗德（现在的高尔基城）一个木工的家庭。他从小就在苦难中长大，三岁丧父，十岁丧母，开始走向社会独自谋生。他当过鞋店学徒、饭店伙计、搬运工人、守夜人、铁路司磅员、面包师，还跑过龙套等。高尔基因为家境贫穷，只念过三年小学。他从小就特别喜欢读书，有很强的记忆力。为了能读到书，他想尽了办法，也受尽了屈辱和折磨。美国作家杰克·伦敦出生在一个贫穷的农民家庭，他的童年在困苦中度过的。他很小就出来谋生，当过报童；少年时代就开始过流浪生活；在太平洋的渔船上当过水手，他曾考入过大学，但只读了一个学期，就因贫穷退学了。安徒生的父亲是个鞋匠，很早就去世了，全家靠母亲给人洗衣服维持生活。安徒生经过十几年的奋斗，终于踏进了文坛。中国古代的杜甫、白居易、曹雪芹等著名文学家也都经历过穷困潦倒的生活，官场失意，内心痛苦，精神孤独，所以有了"文学是苦闷的象征"一说。杜甫在《茅屋为秋风所破歌》中所描述的"布衾多年冷似铁，娇儿恶卧踏里裂。床头屋漏无干处，雨脚如麻未断绝"的凄凉境况，可以说是众多破落作家的真实生活写照。现代作家中生活穷困潦倒的人也不在少数。萧红、萧军同住在商市街里面的一间小屋里时，他们常常无钱吃饭，无钱吃饭也要去教武术，当家庭教师的萧军喝一杯茶就走了，萧红在家里研究"拿什么来喂肚子"，一直在"引诱"她的别人门前的"列巴圈"和牛奶早已消失，想做小偷都不行，该怎么办呢？她于是想到："桌子可以吃吗？草褥子可以吃吗？……"一直到从东北沦陷区逃到上海孤岛后的一长段时间，生活十分艰难，常常靠鲁迅等人的接济才能生存。也正是因为这段饥饿生活经历，萧红作品中对人的饥饿感的描写特别出色；年轻时候的沈从文在北京靠写作过活的日子也很难熬。面对这样的事例，人们往往感叹贫穷是文学的特殊动力，甚至感慨贫穷造就了如此多的文学家。贫穷对于作家来说，意义非凡，贫穷为这些作家带来了特殊的生命体验，成为作家创作的源泉，也成为作家选择人生之路的坐标。

可是，仅仅看到贫穷与文学的相互促进的联系又是多么片面啊。人们往往忽视了物质生活的极度匮乏也拖累了作家的身心，消耗了作家的创作才能。为了糊口，他们不得不多写些应时应景的文章以换取稿酬，而不能潜心创作，好好发挥其写作才能。的确，贫穷也在束缚着人的自由发展，毁坏人与人之间的公平。许多人是在缺乏衣、食、住所的情况下长成的：他们幼年就失学，很小就出去工作，挣工钱度日；此后他们就以营养不足的身体长时间地做着使人疲劳的工作，因此没有机会发展他们较高的智力。从这个角度来看,贫困对他们来说是一种巨大的纯粹的祸患:当他们健康的时候,他们疲于奔命地寻找维持生活的生计,疲劳的痛苦远远超出了生命所能获取的欢乐;到了生病的时候,贫困所造成的痛苦就要加重十倍。

5

  两扇门的破旧是不易形容得恰到好处的,大概地说,它们是瘦透玲珑,像画中的石头那么处处有孔有缝。自然这一点也无碍晚上把它们关好。影壁是不值得一提的,它终年的老塌倒半截,渐渐地,它的砖也都被撤去有他用,于是它也就安于矮短,到秋天还长出一两条瓜蔓来,像故意耍俏似的。

  这是庆春破旧的家,但是庆春觉得这破门楼、破影壁都分外招人喜爱。院子里的那三棵树也让庆春开心,夏初两棵枣树开花的时候,满院子满院都是甜梭梭的香味儿。

  贫穷对于生命的历练而言是重要的,然而,贫穷生活的阳光更是让一个生命变得美好的不可或缺的因素。体味到了阳光的灿烂与温暖,人的心里才暖洋洋的,可以写出感人至深的作品,传递这温暖。

海棠树

她家中的那株海棠花正开成一个大粉白的雪球；沿墙的细竹刚拔出新笋；天上一片娇晴；她的父母都没在家；大白猫在花下酣睡。听见我来了，她像燕儿似的从帘下飞出来；没顾得换鞋，脚下一双小绿拖鞋像两片嫩绿的叶儿。她喜欢得像清早的阳光，腮上的两片苹果比往常红着许多倍，似乎有两颗香红的心在脸上开了两个小井，溢着红润的胭脂泉。那时她还梳着长黑辫。她家中的那株海棠花正开成一个大粉白的雪球；沿墙的细竹刚拔出新笋；天上一片娇晴；她的父母都没在家；大白猫在花下酣睡。

1

春天，杨柳绿了，草色青了。空气中弥漫着甜蜜的花香味道。有一棵树，——海棠树，它一直在那儿。

情窦初开的豆蔻年华，庆春遇到了她。

她父母在家的时候，她只能隔着窗儿望我一望，或是设法在我走去的时节，和我笑一笑。这一次，她就像一个小猫遇上了个好玩的伴儿；我一向不晓得

《微神》

她"能"这样的活泼。在一同往屋中走的工夫，她的肩挨上了我的。我们都才十七岁。我们都没说什么，可是四只眼彼此告诉我们是欣喜到万分。我最爱看她家壁上那张工笔百鸟朝凤；这次，我的眼匀不出工夫来。我看着那双小绿拖鞋；她往后收了收脚，连耳根儿都有点红了；可是仍然笑着。我想问她的功课，没问；想问新生的小猫有全白的没有，没问；心中的问题多了，只是口被一种什么力量给封起来，我知道她也是如此，因为看见她的白润的脖儿直微微地动，似乎要将些不相干的言语咽下去，而真值得一说的又不好意思说。

她在临窗的一个小红木凳上坐着，海棠花影在她半个脸上微动。有时候她微向窗外看看，大概是怕有人进来。及至看清了没人，她脸上的花影都被欢悦给浸渍得红艳了。她的两手交换着轻轻地摸小凳的沿，显着不耐烦，可是欢喜的不耐烦。最后，她深深地看了我一眼，极不愿意而又不得不说地说，"走吧！"我自己已忘了自己，只看见，不是听见，两个什么字由她的口中出来？可是在心的深处猜对那两个字的意思，因为我也有点那样的关切。我的心不愿动，我的脑知道非走不可。我的眼盯住了她的。她要低头，还没低下去，便又勇敢地抬起来，故意地，不怕地，羞而不肯羞地，迎着我的眼。直到不约而同地垂下头去，又不约

而同地抬起来，又那么看。心似乎已碰着心。

庆春的心沉浸在早春的爱情中，时间如果能凝固在这一刻成为永恒该多好。可是，庆春该告辞了。在名义上，他只是到她家的一个访客而已，在更现实的层面，他是她家资助读书的一个穷学生，一个受惠者。

我走，极慢的，她送我到帘外，眼上蒙了一层露水。我走到二门，回了回头，她已赶到海棠花下。我像一个羽毛似的飘荡出去。

他们在同一个城市里，直线距离不过几里路，但是，从此再无单独相处的机会，甚至见面也不是很多。那时候"五四"运动还没有开始，男女之间的交往不是普通的事情。

我毕业后便作了小学的校长，平生最大的光荣，因为她给了我一封贺信。信笺的末尾——印着一枝梅花——她注了一行：不要回信。我也就没敢写回信。可是我好像心中燃着一束火把，无所不尽其极地整顿学校。我拿办好了学校作为给她的回信；她也在我的梦中给我鼓着得胜的掌——那一对连腕也是玉的手！

提婚是不能想的事。许多许多无意识而有力量的阻碍，像个专以力气自雄的恶虎，站在我们中间。

她是刘寿绵的女儿，大家闺秀。

他是受她父亲的恩惠才得以上学的穷护军的儿子，少年失怙，和老母相依为命。

他的心里，她是遥不可及的皓月。

庆春找不到逾越门第的途径，他不敢想像他的破旧小院和粗茶淡饭去般配她的罗绮丛里娇养的生命。还有一个更重要的问题，他不敢想像他如何主动追求恩人家的女儿，这似乎有点不符合民间道德的"合理性"。这份情感对庆春而言，仿若水中花，他只能小心翼翼地守候在水边，害怕一阵风来也会搅碎了这幅美丽图景。

出身寒门的庆春在读书与为人处世方面有足够的坚忍与执著，但是，在这件事情上他却优柔不决。庆春从不艳羡富贵与地位，在爱情耀眼的光环下，他骨子里的自卑与小心翼翼加倍扩大了，他跌落在尘埃里，让自己变得很低很低，他失却了所有的勇敢与年轻人在恋爱中的特有莽撞。

他手足无措，想不出好的办法，只能把情感深埋，被动地等待。

有一件足以自慰的，我那系在心上的耳朵始终没听到她的定婚消息。还有件比这更好的事，我兼任了一个平民学校的校长，她担任着一点功课。我只希望能时时见到她，不求别的。她呢，她知道怎么躲避我——已经是个二十多岁的大姑娘。她失去了十七八岁时的天真与活泼，可是增加了女子的尊严与神秘。

又过了两年，庆春去了伦敦。庆春为自己去伦敦找了很多理由，但是有一点不容忽视，他在逃避着这个他目前无法解决的难题，也许，他想混出一番名堂，用"成就"去般配她的门第。在外国的几年中，他们彼此失去了联系，他说，他的梦里全都是她。

她，在我的心中，还是十七岁时的样子：小圆脸，眉眼清秀中带着一点媚意。身量不高，处处都那么柔软，走路非常地轻巧。那一条长黑的发辫，造成最动心的一个背影。我也记得她梳起头来的样儿，但是我总梦见那带辫的背影。

庆春只能在梦里见到她。他似乎满足于此。这对于她而言，是否公平呢？我不知道庆春是否想过这个问题，但是我发现他确乎在回避这个问题，用梦里的深情来逃避现实的怯懦。

美丽的故事止于梦境，止于那棵芬芳的海棠树，这也算得上一个好结尾。

也许，庆春希望可以像普希金一样在内心深处默默地祝福她：

我曾经爱过你：爱情，也许
在我的心灵里还没有完全消亡，
但愿它不会再打扰你，
我也不想再使你难过悲伤。
我曾经默默无语、毫无指望地爱过你，
我既忍受着羞怯，又忍受着嫉妒的折磨，
我曾经那样真诚、那样温柔地爱过你，
但愿上帝保佑你，另一个人也会像我爱你一样

可是，梦总有醒的时候。

回国后，庆春托朋友打听刘家小姐的下落。罗常培得到的消息是刘家早已败落不堪，刘寿绵入庙为僧，夫人与小姐入庵做了带发修行的比丘尼。庆春的心碎了。

2

只是如此吗？

刘家败落是不幸的，但是，与败落的刘家结亲至少对舒家来说不那么遥不可攀了。出家尚能还俗，何况只是带发修行呢？庆春到底得到了

什么消息，让他如此心碎。

我重新翻开《微神》，希望寻找到答案。那是一本我淘来的旧书，书页上的破损与折痕显示出岁月的无情。

一切消息都像谣言，她已作了暗娼！

读到这儿，我的心随着作者一起跌落在了深渊里。

到底我找到她了。她已剪了发，向后梳拢着，在项部有个大绿梳子。穿着一件粉红长袍，袖子仅到肘部，那双臂，已不是那么活软的了。脸上的粉很厚，脑门和眼角都有些褶子。可是她还笑得很好看，虽然一点活泼的气象也没有了。设若把粉和油都去掉，她大概最好也只像个产后的病妇。她始终没正眼看我一次，虽然脸上并没有羞愧的样子，她也说也笑，只是心没在话与笑中，好像完全应酬我。我试着探问她些问题与经济状况，她不大愿意回答。她点着一支香烟，烟很灵通地从鼻孔出来，她把左膝放在右膝上，仰着头看烟的升降变化，极无聊而又显着刚强。我的眼湿了，她不会看不见我的泪，可是她没有任何表示。她不住地看自己的手指甲，又轻轻地向后按头发，似乎她只是为它们活着呢。提到家中的人，她什么也没告诉我。我只好走吧。临出来的时候，我把住址告诉给她——深愿她求我，或是命令我，做点事。她似乎根本没往心里听，一笑，眼看看别处，没有往外送我的意思。她以为我是出去了，其实我是立在门口没动，这么着，她一回头，我们对了眼光。只是那么一擦似的她转过头去。

初恋是青春的第一朵花，不能随便掷弃。我托人给她送了点钱去。留下了，并没有回话。

在小说中，这个女孩子最后因为堕胎死了。

第四次去，屋门里停着小小的一口薄棺材，装着她。她是因打胎而死。一篮最鲜的玫瑰，瓣上带着我心上的泪，放在她的灵前，结束了我的初恋，开始终生的虚空。为什么她落到这般光景？我不愿再打听。反正她在我心中永远不死。

《微神》中前段的美妙如画与后段的残酷不堪形成了鲜明的对比。这只是小说而已，小说是虚构的，没有说出真相的义务。现实中，刘家小姐并没有在花一样的年纪夭折。不过，小说总是打着虚构的名义说出某些真相，我似乎看到了一些刘家小姐的乱世飘零的命运，看到了舒庆春内心的甜蜜与煎熬。

《微神》在1933年发表时的标题用括号标出了 VISION 一词，译成汉语，是幻境、幻象、心象、幻想的意思。也有学者解释这个标题：卑微的女神般的女人，纤巧柔弱善良的女神……从汉文字学的角度，"微"有"隐藏，幽深"之意，"神"是玄妙难穷的感情状态，所以"微神"是应该隐藏在"我"心灵深处玄妙难尽的思绪吧。这篇小文章中象征主义和意识流手法表达出的难以名言的情绪，到底隐藏了什么呢？

老舍作品《微神集》

我又翻开了1933年的另一篇小说《记懒人》：

"一株海棠树，"他大概是形容他心里哪张画，"第一次见着她，便是在海棠树下。开满了花，像蓝天下的一大团雪，围着金黄的蜜蜂。我与她便躺在树下，脸朝着海棠花，时时有小鸟踏下些花片，像些雪花，落在我们的脸上，她，那时节，也就是十几岁吧，我或者比她大一些。她是妈妈的娘家的；不晓得怎样称呼她，懒得问。我们躺了多少时候？我不记得。只记得那是最快活的一天：听着蜂声，闭着眼用脸承接着花片，花荫下见不着阳光，可是春气吹拂着全身，安适而温暖。我们俩就像埋在春光中的一对爱人，最好能永远不动，直到宇宙崩毁的时候。她是我理想中的人儿。她和妈妈相似——爱情在静里享受。别的女子们，见了花便折，见了镜子就照，使人心慌意乱。她能领略花木样的恋爱；我是讨厌蜜蜂的，终日瞎忙。可是在那一天，蜜蜂确是不错，它们的嗡嗡使我半睡半醒，半死半生；在生死之间我得到完全的恬静与快乐。这个快乐是一睁开眼便会失去的。"

海棠树在庆春心里扎了根，那是多么刻骨铭心的往事！可是，这个快乐却是不能睁眼的快乐，这是年轻的庆春给予自己的心理暗示吧，好让逃避变得理直气壮。

"又看见她了，已长成了个大姑娘。但是，但是，"他的眼似乎不得力的眨了几下，微微有点发湿，"她变了。她一来到，我便觉出她太活泼了。她的话也很多，几乎不给我留个追想旧时她怎样静美的机会了。到了晚间，她偷偷的约我在海棠树下相见。我是日落后向不轻动一步的，可是我答应了她；爱情使人能不懒了，你是个聪明人。我不该赴约，可是我去了。她在树下等着我呢。'你还是这么懒？'这是她的

第一句话，我没言语。'你记得前几年，咱们在这花下？'她又问，我点了点头——出于不得已。'唉！'她叹了一口气，'假如你也能不懒了；你看我！'我没说话。'其实你也可以不懒的；假如你真是懒得到家，为什么你来见我？你可以不懒！咱们——'她没往下说，我始终没开口，她落了泪，走开。我便在海棠下睡了一夜，懒得再动。她又走了。不久听说她出嫁了。不久，听说她被丈夫给虐待死了。懒是不利于爱情的。但是，她，她因不懒而丧了一朵花似的生命！假如我听她的话改为勤谨，也许能保全了她，可也许丧掉我的命。假如她始终不改懒的习惯，也许我们到现在还是同卧在海棠花下，虽然未必是活着，可是同卧在一处便是活着，永远的活着。只有成双作对才算爱，爱不会死！"

懒具有象征意义，是一种习惯，是一种约定俗成的社会习俗社会氛围。庆春和刘家小姐之间的家世差异在他们之间隔开了一道深深的鸿沟，庆春，这个平民家庭出身的年轻男子，除了静卧海棠树下，毫无其他办法。他后悔了吗？他假设着自己如果有所改变，去打破这种世俗规约，也许能改变他们的命运。他安慰自己说，这个改变也许保全了两个人，也许就丧了命。所以，庆春一直认为，就这样彼此牵挂，心灵同卧海棠树下，为彼此守护才是不死的爱。可是，时空不是静止的，她也不是凝固的，她变了，一切都结束了。

于是，庆春在《记懒人》中安排了这么一个结局：

"到如今你还想念着她？"我问。

"哼，那就是那次破了懒戒的惩罚！一次不懒，终身受罪；我还不算个最懒的人。"他又卧在床上。

我将酒瓶挪开。他又说了话："假如我死去——虽然很懒得死——请把我埋在海棠花下，不必费事买棺材。我懒得理想，可是既提起这件事,我似乎应当永远卧在海棠花下——受着永远的惩罚!"

过了些日子,我果然将他埋葬了。在上边临时种了一株海棠;有海棠树的人家没有允许我埋人的。

这是一段没有结局的爱情,庆春爱着刘家小姐,但是他没有勇气也没有能力去把这份爱变成现实,他只能用古老的单身"守贞"的方式守护着这份情感,一向对母亲百依百顺的他拒绝了母亲给他提的亲事,让母亲伤心,他自己也痛苦不已;他一度吃喝赌,他说他坚决不嫖,这是一份无望的颓废与无奈的坚守。他过着醉生梦死的生活,直到大病一场,险些丧了命。刘家小姐变了心,也许是因为爱的无望,也许是因为生活压力所迫,也许是因为抵不住外面世界五颜六色的诱惑,最终,她单方面离开了他们的海棠树下的无言的约定,去追寻世俗中肉体与物质的快乐。庆春没有责怪她,更多的,他责怪自己不能去做主动的改变,责怪自己"懒"。

也许,庆春一度想过去拯救她。在《微神》中有这么一个情节:

慢慢的,我开始和几个最知己的朋友谈论她,他们看在我的面上没说她什么,可是假装闹着玩似的暗刺我,他们看我太愚,也就是说她不配一恋。他们越这样,我越顽固。是她打开了我的爱的园门,我得和她走到山穷水尽。怜比爱少着些味道,可是更多着些人情。不久,我托友人向她说明,我愿意娶她。我自己没胆量去。友人回来,带回来她的几声狂笑。她没说别的,只狂笑了一阵。她是笑谁?笑我的愚,很好,多情的人不是每每有些傻气吗?这足以使人得意。笑她自己,那只是因为不好意思哭,过度的悲郁使人狂笑。

这个情节非常符合老舍的性格,勇于背上十字架。何况,她是恩人的女儿，他即使只为了报恩，也要拯救她。可是，这是个多么无奈的境遇，他可以有拯救的勇气，却不能有爱的胆量。

屠格涅夫说："一切感情都可以导致爱情，导致热烈的爱情，一切的感情：憎恨、怜悯、冷漠、崇敬、友谊、畏惧——甚至蔑视。是的，一切的感情……只是除了感谢以外。

感谢——这是债务；任何人都可以摆出自己一些的债务……但爱情——不是金钱。"

庆春深陷在感情与感恩的巨大漩涡里。

初恋像幼年的宝贝永远是最甜蜜的，不管那个宝贝是一个小布人，还是几块小石子。

初恋再甜蜜，也不过是个"布人"或者"小石子"之类的宝贝，还不是成熟的情感。在他的价值选择里，生命的道德、荣誉更重要，对于平民而言，爱情是奢侈品。他不是徐志摩，他是老舍，需要他承担的生存诸项太多，他无法做个爱情至上的人。

两篇小说中，女孩子都死了，男人的心也跟着死了。死亡是一个很好的结局，所有情债一笔勾销，情感责任纠葛埋入坟墓，坟墓上栽着一棵海棠树，海棠树是记载美丽故事的树。

3

解放后，刘家小姐去找过老舍。

那天，老舍正在院子里浇花，隔着院门，远远地，他就看见了她。

他像个孩子一样，躲进了房间，让胡絜青说自己不在家，拿了些钱给她。

不见也罢，唯有记忆永存。

他记得那春天。

她那么看过我

人是为明天活着的,因为记忆中有朝阳晓露;假若过去的早晨都似地狱那么黑暗丑恶,盼明天干吗呢?是的,记忆中也有痛苦危险,可是希望会把过去的恐怖裹上一层糖衣,像看着一出悲剧似的,苦中有些甜美。无论怎么说吧,过去的一切都不可移动;实在,所以可靠;明天的渺茫全仗昨天的实在撑持着,新梦是旧事的拆洗缝补。

对了,我记得她的眼。她死了许多年了,她的眼还活着,在我的心里。这对眼睛替我看守着爱情。当我忙得忘了许多事,甚至于忘了她,这两只眼会忽然在一朵云中,或一汪水里,或一瓣花上,或一线光中,轻轻的一闪,像归燕的翅儿,只须一闪,我便感到无限的春光。我立刻就回到那梦境中,哪一件小事都凄凉,甜美,如同独自在春月下踏着落花。

这双眼所引起的一点爱火,只是极纯的一个小火苗,像心中的一点晚霞;晚霞的结晶。它可以烧明了流水远山,照明了春花秋叶,给海浪一些金光,可是它恰好的也能在我心中,照明了我的泪珠。

它们只有两个神情:一个是凝视,极短极快,可是千真万确的是凝视。只微微的一看,就看到我的灵魂,把一切都无声地告诉了给我。凝视,一点也不错,我知道她只须极短极快地一看,看的动作过去了,极快地过去了,可是,她心里看着我呢,不定看多么久呢;我到底得管这叫作凝视,不论它是多么快,多么短。一切的诗文都用不着,这一眼道尽了"爱"所会说的与所会作的。另一个是眼珠横着一移动,由微笑移动到微笑里去,在处女的尊严中笑出一点点被爱逗出的轻优,由热情中笑出一点点无法抑止的高兴。

我没和她说过一句话,没握过一次手,见面连点头都不点。可是我的一切,她知道;她的一切,我知道。我们用不着看彼此的服装,用不着打听彼此的身世，我们一眼看到一粒珍珠，藏在彼此的心里；这一点点便是我们的一切，那些七零八碎的东西都是配搭，都无须注意。看我一眼，她低着头轻快地走过去，把一点微笑留在她身后的空气中，像太阳落后还留下一些明霞。

我们彼此躲避着，同时彼此愿马上搂抱在一处。我们轻轻地哀叹；忽然遇见了，那么凝视一下，登时欢喜起来，身上像减了分量，每一步都走得轻快有力，像要跳起来的样子。

我们极愿意说一句话，可是我们很怕交谈，说什么呢？哪一个日常的俗字能道出我们的心事呢？让我们不开口，永不开口吧！我们的对视与微笑是永生的，是完全的，其余的一切都是破碎微弱，不值得一作的。

我们分离有许多年了，她还是那么秀美，那么多情，在我的心里。她将永远不老，永远只向我一个人微笑。在我的梦中，我常常看见她，一个甜美的梦是最真实，是纯洁，最完美的。多少多少人生中的小困苦小折磨使我丧气，使我轻看生命。可是，那个微笑与眼神忽然的从哪儿飞来，我想起惟有"人面桃花相映红"差可比拟的一点心情与境界，我忘了困苦，我不再丧气，我恢复了青春；无疑的，我在她的洁白的梦中，必定还是个美少年呀。

春在燕的翅上，把春光颤得更明了一些，同样，我的青春在她的眼里，永远使我的血温暖，像土中的一颗籽粒，永远想发出一个小小的绿芽。一粒小豆那么小的一点爱情，眼珠一移，嘴唇一动，日月都没有了作用，到无论什么时候，我们总是一对刚开开的春花。

第二季　夏

在太平年月，北平的夏天是很可爱的。从十三陵的樱桃下市到枣子稍微挂了红色，这是一段果子的历史——看吧，青杏子连核儿还没长硬，便用拳头大的小蒲篓儿装起，和"糖稀"一同卖给小姐与儿童们。慢慢的，杏子的核儿已变硬，而皮还是绿的，小贩们又接二连三地喊："一大碟，好大的杏儿喽！"这个呼声，每每教小儿女们口中馋出酸水，而老人们只好摸一摸已经活动了的牙齿，惨笑一下。不久，挂着红色的半青半红的"土"杏儿下了市。而吆喝的声音开始音乐化，好像果皮的红美给了小贩们以灵感似的。而后，各种的杏子都到市上来竞赛：有的大而深黄，有的小而红艳，有的皮儿粗而味厚，有的核子小而爽口——连核仁也是甜的。最后，那驰名的"白杏"用绵纸遮护着下了市，好像大器晚成似的结束了杏的季节。当杏子还没断绝，小桃子已经歪着红嘴想取而代之。杏子已不见了。各样的桃子，圆的，扁的，血红的，全绿的，浅绿而带一条红脊椎的，硬的，软的，大而多水的，和小而脆的，都来到北平给人们的眼，鼻，口，以享受。

伦敦街角的梦

　　最使我忘不了的是一进了胡同：Carnarvon Street。这是条不大不小的胡同。路是柏油碎石子的，路边上还有些流水，因刚下过雨去。两旁都是小房，多数是两层的，瓦多是红色。走道上有小树，多象冬青，结着红豆。房外二尺多的空地全种着花草，我看见了英国的晚玫瑰。窗都下着帘，绿蔓有的爬满了窗沿。路上几乎没人，也就有十点钟吧，易教授的大皮鞋响声占满了这胡同，没有别的声。那些房子实在不是很体面，可是被静寂，清洁，花草，红绿的颜色，雨后的空气与阳光，给了一种特别的味道。它是城市，也是村庄，它本是在伦敦作事的中等人的居住区所。房屋表现着小市民气，可是有一股清香的气味，和一点安适太平的景象。

1

1922年舒庆春受洗入基督教,并在燕京大学跟易文思先生学习英文。易文思先生同时是伦敦大学东方学院校外考官,他把庆春介绍给在北京的伦敦传教会伍德小姐,聘为东方学院教师,任职五年。

1924年9月,庆春来到伦敦。英国的常青藤大学当然要算牛津、剑桥了,但这两所学府只收基督徒入学。一八三六年成立的伦敦大学则只要交得起学费,什么人都收,一时间竟有了一万多学生。伦敦大学下设五十二个学院,东方学院是其中之一,东方学院分了印度、阿拉伯、日本、中国等系,中文系主任是当过宣统皇帝老师的庄士敦。

在伦敦期间,教学以学生的需要为主,学生想学什么只要说出来,先生就得教什么。有人要学什么占卦,有人要学包饺子,甚至有学生要学中医。庆春与两位同事共同为灵格风语言中心编写了一套汉语教材和声片,教材分上下册,下册为汉字课文,由老舍编写并亲自用毛笔抄录;声片由老舍录制,《言语声片》在国际上沿用到50年代中期,现在还可以从声片中听到老舍20多岁时朗读课文的声音,一口地道的"京片子",赢得了不少好奇心颇强的听众。

教学之余,庆春喜欢幽静的图书馆,在这里,他阅读了大量的西方文学和历史书籍,他喜欢荷马史诗、古希腊悲剧、喜剧和短诗,古罗马及文艺复兴时期的作品,大量的十七八世纪作品和现代英法小说。他学习民主主义、人道主义和现代艺术形式,他思考着人生、祖国的命运。

庆春先后住过四个地方。1924年,初到英国时与许地山共同住在位于伦敦北郊的巴尼特区卡那文路18号,1925年4月则搬到了荷兰公园附近圣詹姆斯花园 31 号，一直住到 1928 年 3 月，此后又在托林顿广场 14 号居住了半年左右，1929 年初再搬迁至伦敦南部的蒙特利尔路 31 号。在伦敦，庆春用老舍作为笔名创作了小说《老张的哲学》《赵子曰》《二马》。除此之外他还帮助和他同住的英国汉学家克莱门特·埃杰顿将中国古典长篇小说《金瓶梅》译成了英文。1939 年在伦顿出版了英文名 The Golden Lotus 的《金瓶梅》四卷本，扉页上写着："To C·C·Shu Myfriend"。

1929 年 6 月，庆春结束在英国的教职，去欧洲游历一番后到了南洋。这个时候，很多读者叫他"老舍"了。

2

乘坐 22 路、47 路或 726 路车到缸瓦市站下车后徒步 0.1 公里，或者乘坐 603 路支线在西四南站下车徒步 5 米，就到了缸瓦市教堂。缸瓦市教堂虽然其貌不扬，可有一百多年的历史，2005 年 11 月小布什访华时还曾到此做礼拜。缸瓦市教堂由英国伦敦布道会 1863 年创办，信徒中最著名的人物是作家老舍，他的英语还是在教会开办的夜校学的。

我曾经一度不能理解满族人老舍为什么皈依了基督教。在我走进缸瓦市教堂的时候，我恍然大悟：缸瓦市教堂用它的简朴和平和打动了穷人出身的庆春的心弦。在很多人的想象中，教堂往往是神秘富丽的哥特式建筑，富丽堂皇或古朴典雅，有尖尖的巫师帽子一样的屋顶、高耸的钟楼、五彩的玻璃和壁画，服饰复杂的神父与阴鸷的黑衣撒当做一场华丽的斗法。可是，缸瓦市教堂却只是一个不起眼的小院，几间简陋的平房，一个礼拜堂以及旁边刚刚加盖的副堂。礼拜堂很小，只能坐 500 人，主堂前面是一个讲台，铺着暗红绒布，讲台墙壁正中，十字架镶嵌

缸瓦市教堂

在"以马内利"四个镀金大字中间。讲台左边几排座是唱诗班的位置，唱诗班前侧是钢琴台，讲台右边是牧师的布道台。这个教堂像个乡村里素面朝天的朴实的女子。

22岁的庆春正走进了人生的雾霾中。新旧交替的中国，作为历史中间物的有良知有担当的知识分子往往在新旧传统中茫然不安，即使犀利理性如鲁迅者亦焦躁烦闷。庆春生于清末，长于民国，虽然一开始呼吸了一点点共和气息，但是，在他一步踏进社会的时候，他发现，在他的周围是一团黑暗，共和之风根本吹不走固有的腐败气味。庆春是一个满族穷人家成长起来的年轻小学校长，进而做了教育局的劝学员，每月拿着一百多块的薪水，算得上少年有成，是不少平民人家羡慕的对象。可是，他却不甘于过平淡的小康生活。庆春像一棵挺拔的小树，生长出自身的独立意识，他背负着满族人出身的无尽痛苦，他内心要强，他满心实干劲头，他有一腔忧国忧民的热忱，他急切地寻找思想的同盟。可是，庆春深感他周围的旧势力的冷酷与腐朽，教育局同僚们整日里忙于赚钱与玩乐,他的热心于社会教育的天真好比荒野中的一根嫩芽,周围的荒草总是吞噬了他。穷哥儿们的心里只关心今天晚上的吃食怎么张罗,没有时间精力去考虑社会问题,他钟情的女孩子与他门第差距悬殊,他不能接近她也不能忘记她。庆春所学习的知识和人生经验此刻表现得苍白乏力,他坚硬的自尊与进取背后是脆弱的彷徨。

每逢拿到薪水,庆春先回家给母亲送一点钱去。从家里出来后,他感到自己的世界非常的空寂,为了排解这种空寂,他便用钱去买一些快乐来证明自己和外面的世界还有着关系,证明自己不是一个孤寂的存在。庆春去看戏、逛公园、喝酒、买"大喜"烟吃。喝酒,虽然酒量不大,但凑上二三知己便要上几斤,喝醉归来,有时候把钱包手绢一齐交给洋车夫给保存着,第二日醒过来,于伤心中仍略有豪放不羁之感。也学会了打牌,虽然不肯费心去算计,而完全浪漫的把胜负交与运气,回回一败涂地,但是决不承认自己的牌臭,只要有人张罗便坐下了。越打越多吃烟喝茶,越输越往上撞火。鸡鸣了,手心发热,脑子发晕,可是还要舍命陪君子。庆春只是不嫖。无论是多么好的朋友拉他去,他没有答应过一回。好像是保留着这么一点,当清夜扪心自问的时候才不至于把自己整个的放在荒唐鬼之群里边去。烟,酒,麻雀,已足使他瘦弱,痰中往往带着点血!

母亲暗中给庆春定了亲事。庆春着了急,一方面想要退掉这没有爱情的婚约,一方面又恐伤了母亲的心,左右为难。不得已,庆春请来三姐说情,母亲含泪点头答应了老舍的请求,却是觉得这场退婚伤尽了自己的脸面,更不明白儿子内心究竟在想些什么。庆春爱母亲,看到母亲为自己备受打击的抑郁的样子,内心忍不住地自责。婚约到底是废除了,可是庆春得了很重的病。起初是觉得混身发僵,不出汗,两三天下去,到家便起不来陷入昏迷中了。病好之后,庆春开始自省,到底为什么要学这些恶嗜好呢?他厌倦了工作的环境,他辞去了待遇优厚的职务。

缸瓦市基督教福音堂的宝乐山牧师是满人，他说着一口好英语令庆春看到了另一个世界的新奇和光芒。

耶稣引领以色列人过约旦河，彼时正是大麦收割的季节，约旦河水已经没过了两岸。以色列人如何过呢？600年前，摩西带领以色列人过红海，耶和华显灵，使其向海伸杖，海水中间即出现一块干地，两边成垒，踏着这块干地，摩西带领以色列人过了红海。600年后，耶稣并没有采取同一方法让以色列人过河。他告诉祭司：你们先抬着约柜踏入河水中。我想，祭司当时也许非常恐惧，内心会疑惑：我会不会被淹死？当祭司踏入河水之中后，耶稣让上游的水断开，不再往下流，这样，河面浅了，又浅了，最后变成一块干地，以色列人得以过河。耶稣考验的正是以色列人的信心。这份信心要足够强大。正如当初耶稣的门徒彼得看见耶稣在水面上走，彼得说："主啊，我怎样才能踏着水面，到你面前去？"耶稣招手："来吧，你过来吧！"于是，彼得踏着水向耶稣走去。走到一半，见风甚大，彼得害怕了，信心软弱了，于是开始下沉。他向耶稣伸手："主啊，救我！"耶稣伸手拉住他，说："你这小心的人哪，为什么疑惑呢？"

他的内心恍若听见一个声音在叩问：庆春，你这小心的人呢，为什么疑惑呢？

风琴师弹奏着赞美诗，动人的乐音如同明月的皎洁光辉，静穆地洒在每个人身上，古雅而柔和。庆春的敏感的心与这简朴的教堂潜移默化地汇合在一起，他对于熙熙攘攘世俗世界、堕落的人群、低俗的欲望感到憎恶，内心生长出了新的希望，像一片洁白无瑕的羽毛轻盈飞扬。庆春的迷惘的心灵暂时在这所朴实无华的教堂里找到了安宁的归宿。

我不知道有多少年轻人像庆春一样在生命的雾霾天气里找不到方向，有些人堕落了，有些人找到了信仰的绳索让神来佑护自己。庆春找到了心灵的灯塔，他没有盲从地匍匐在神的光辉里，他阅读耶稣，他找到了"牺牲精神""平等思想""灵的追求""自培自立"。

庆春说：我愿将"双十"解释作两个十字架。为了民主政治，为了国民的共同福利，我们每个人须负起两个十字架——耶稣只负起一个：为破坏、铲除旧的恶习，积弊与像大烟瘾那样有毒的文化，我们须预备牺牲，负起一架十字架。同时，因为创造新的社会与文化，我们也须准备牺牲，再负起一架十字架。

3

一艘太古轮船公司的船徐徐地拔起了铁锚，驶出了中国海港，经马六甲海峡，进印度洋，绕亚丁湾，串红海，挨过了苏伊士运河，由地中海过直布罗陀，然后驶进了了英吉利海峡，航行四十天，来到了大不列颠。大海，一望无际、美丽而又充斥着危险和恐惧。柔软而带有光晕的海水，懒洋洋地从海的深处涌起，缓缓托起一条微微起伏的大浪，无痕无迹地涌向天边，发出了轻微的沙沙响声。暴风雨来临的话，大海便不再湛蓝，灰蒙蒙一片，天海混沌。乌云越来越暗，越来越低，向海面压下来；微咸的海风不再柔和，平静的大海瞬间波涛翻滚，波浪一边歌唱，一边冲向空中去迎接那雷声，瞬间只剩了空旷的海与翻滚的云相互守望，时光仿佛回到了地老天荒。暴风雨过后的夜晚，群星在夜空中闪烁，群星下面是风平浪静的大海，四周一片寂静，只有温柔的海风偶尔吹过来一丝缥缈的歌声。

海上的庆春仿佛经历了一次洗礼，下船的时候，他的内心也被海浪淘洗了一次，铺满了沙子、贝壳、珊瑚，还有五颜六色的海星和鱼儿，粗砺、坚硬、柔软、美丽编织在一起，焕发出希望与轻松的光辉。

来自于过往二十多年生活的窘迫与压力被无边无际的大海隔离开来

了，经过大海的风雨漂泊，庆春把很多沉重的故事埋葬进了大海，要给自己一个新的、轻松的开始。

庆春踏上了异国的土地，两个凶神恶煞似的海关小官见了黄种人连眼也懒得抬一下。舒庆春把那本硬皮护照递了过去，耐着性子回答两位海关人员不耐烦的提问。庆春感受到了来自异域的蔑视，不过，他不在乎，而是带着孩童一样恶作剧的心理来应对这个局面。英国人把庆春说得一愣一愣的，庆春就用"华英官话"艺术地把几个英国字匀派在中国词里，也把他们说得直眨眼。检查行李的时候，海关问得干脆，庆春回答得也干脆。"烟？""no。""丝？""no。"

下了轮船，又要上火车，四顾茫然，庆春依然不急不躁，看别人买车票，庆春也买了张；大家走，庆春也走；反正其他旅客知道怎么走，跟着大家走一准丢不了。火车里非常清洁舒服，与国内的火车有很大区别。火车外是绿油油的田园风光，高高低低全是绿汪汪的，看不见庄稼，处处是短草，有时看见一两只摇尾食草的牛。

车停在 Cannon Street。大家都下来，站台上不少接客的男女，接吻的声音与姿式各有不同，对于洋人的奔放与热情，庆春觉得新奇也有趣。易文思教授向庆春招手，他与庆春一人一件行李，走向地道车站去；坐地道火车到了 Liverpool Street，这是个大车站，把行李交给了转运处，他们自会给送到家去。然后易文思教授和庆春在咖啡馆喝了杯啤酒，吃了块点心。车站上，地道里，转运处，咖啡馆，给庆春的印象是外面都是乌黑不起眼，可是里面非常地清洁有秩序。英国人也是这样，脸板着，心中却很幽默，很会讲话。

易文思教授住在伦敦北郊的巴尼特区，所以他也在那里给庆春找了房，离伦敦有十一哩，坐快车得走半点多钟。那里街道很宽，铺户小而明洁，路右边有一大块草场，远处有一片树林，树和草都绿得鲜灵灵的。那条路是条不大不小的胡同，路是柏油碎石子的，路两边是二层的铺着红瓦的小房，房外二尺多的空地全种着花草，盛开着英国的晚玫瑰，窗都下着帘，绿蔓有的爬满了窗沿，散发着清香的气味，和一点安适太平的景象。

庆春居住的寓所也是所两层的小房，房子很小但是处处整洁：楼下是一间客厅，一间饭室，一间厨房。楼上是三个卧室，一个浴室。由厨房出去，有个小院，院里种着玫瑰，院墙是矮矮的木树。房东是两位老姑娘，姐已白了头，妹妹作过教师。现代著名作家许地山也是这家的租客，许地山说，姐妹的父亲是开面包房的，死时把买卖给了儿子，把两所小房给了二女。姊妹俩卖出去一所，把钱存起吃利；住一所，租两个单身客，也就可以维持生活。哥哥不管她们，她们也不求哥哥。这种兄妹关系让庆春觉得"没人情味"，同时又让庆春佩服他们的自立。

饭好了，是大块牛肉，让中国来的子民甚不适应。红茶的味道怪怪的，让庆春怀念京城的香片。饭后，看着屋外的阳光出没，寂静使庆春想起家来，开始写一封信。许地山在屋里写小说，用的是一本油盐店的账本，钢笔尖时时插入账本里去，似乎表示着力透纸背。

这是伦敦边上的小而静的礼拜天。庆春是一个乡情浓重的人，并且对西方文化有异乎寻常的警惕与忧虑。不过，伦敦显然给庆春留下了极好的初次印象。伦敦的

老舍在伦敦

绿色气息抚慰着这个从绿色的农业国远路跋涉而来的黄种人。

我读《二马》的时候，对主人公马威在伦敦住了一年后的心情尤为记忆深刻。

伦敦是大的，马威却觉着非常的孤独寂寞。伦敦有七百万人，谁知道他，谁可怜他……他觉着非常的凄凉，虽然伦敦是这么热闹的一个地方。他没有地方去，虽然伦敦有四百个电影院，几十个戏馆子，多少个博物院，美术馆，千万个铺子，无数的人家；他却没有地方去……他坐在铺子里，听着街上的车声，圣保罗堂的钟声，他知道还身在最繁华热闹的伦敦，可是他寂寞，孤苦，好像他在戈壁沙漠里独身游荡，好像在荒岛上和一群野鸟同居。

我想，这段文字是马威的心情也是庆春的心迹。庆春在伦敦住了大半年后，新鲜感褪去，只留下浓厚的孤独。那时候的英国社会对中国人充满了妖魔化的看法，认为所有的中国男人都留着猪尾巴一样的辫子，中国女人则裹着可笑又可怕的小脚，中国人总是偷偷摸摸地下毒，随随便便结婚娶好几个老婆。社会一般的观念是中国人专爱杀人放火抢女人，再就是抽鸦片和走私军火。那时的伦敦，稍微大一点的旅馆就不肯让中国人住进去，跟中国人一起上街是件招人耻笑的事，中国老人出门遛狗，后面跟一群小孩子起哄喊"老黄脸"。中国人在英国没有人什么地位，甚至不如一条宠物狗。敏感的庆春时时感受到来自四面八方各种英国人的鄙视的目光，虽然他佩服英国人，但是却不喜欢英国人。

像纪伯伦说的：我从健谈者那里学会了静默，从狭隘者那里学会了宽容，从残忍者那里学会了仁爱，但奇怪的是，我对这些老师并未心存感激。

点亮书桌上的台灯，白瓷的罩子，淡黄的柔和的光。与祖国隔得远了，思念愈发浓烈，可也因为时空隔离出来的新的文化视角，对祖国现状有了更高层次的认识与感受。排遣不去的乡愁与对人生的思索在心中逐渐化成几个对话的人影。

庆春痛恨那些在新教育的幌子下，专营男盗女娼，人嫌狗不待见的小人。于是，庆春把他的认识、感受以及爱与憎诉诸了笔墨，诞生了长篇小说《老张的哲学》。

庆春开章明义，直陈老张的哲学是"钱本位而三位一体"，即"营商，为钱；当兵，为钱；办学堂，也为钱！"他当私塾老师，为的是骗学生的钱；他在衙门当差，为的是多领一份钱；他和孙八爷要好，那也是骗他的钱；他娶个廉价老婆，天天省吃俭用，那也是为了钱；以至于他后来放高利贷，逼迫龙军官和李家的女儿来偿债，还是为了钱。

以老张的哲学为线索，老北平气味的故事层层展开，老张的私塾开来只不过是骗人的，老师到校长都是他，学的依旧是四书五经，就连吃喝也可以从学生身上榨取；督学是个用酒菜养肥的瞎猪，看不见学生的疾苦；救世军出现给人民一丝希望，但是老张又看到了新的财路，和孙八人等来到救世军中搅和，救世军最后也是名存实亡，根本没有做过什么实事；两对恋人真心相爱却走不到一起，李应作为男人的懦弱，李静作为女人的愚蠢，或者说是忠贞？都叫人又气又怜；孙守备改变了老张的哲学，但是李家和王

老舍作品《老张的哲学》

家人的哲学还在作祟，最后一切都是以悲剧收场。

庆春把这部手稿寄给了正在主持《小说月报》的郑振铎。小说寄出去的时候，庆春心里没有底，他甚至暗示并安慰自己：寄希望过大，若适得其反，失望愈大。所以，这次写作就当次游戏吧，庆春把稿子故作漫不经心地卷了一卷扔进了邮局里，这一卷里，有庆春含蓄的希望，像种子里的胚胎，藏着，可是力量强大。

一九二六年七月，《小说月报》第十七卷十七期连载《老张的哲学》，署名舒庆春，第十八期，署名老舍。舒庆春字舍予，既是把自己的姓拆成两半，成为"舍予"二字，又是"舍我"——放弃私心和个人利益的意思，也有奉献自己的含义。现在，他又取"舍予"中的头一字，前面加上一个"老"字，成为"老舍"，当作了自己的笔名。

故事讲开了头，便一发不可收拾了。

大学生赵子曰爱慕虚荣，不务正业，在学潮中沽名钓誉而被学校除名。赵子曰到了天津迷迷糊糊过了几个月，为谋取一官半职，他去一位将军家当家庭教师，良心发现帮助了一名被坏人控制的妓女，但怕被坏人报复，于是又回到了北京。在武端和欧阳天风的怂恿下，赵子曰从控制"女权发展会"入手，想谋取点名声做官，结果事与愿违。在经历了种种事端后，赵子曰想起自己以前的行径，愿意痛改前非。赵子曰拜托他曾经的同学李景纯告诉自己以后该何去何从。李景纯在一次暗杀军阀的行动中被抓，此时赵子曰和武

老舍作品《赵子曰》

端都已经重新做人。李景纯给了赵子曰王灵石女士给李的两封信，然后被枪毙。为了不辜负李景纯的期望，武端决定去外国攻读市政，莫大年负责照顾李景纯的老母亲，而赵子曰则踏上了漫漫的革命之路，三人从此分道扬镳。

北京的市民绅士马则仁因为在伦敦做生意的哥哥去世，带着儿子马威前往伦敦继承兄长的产业——一家中国古玩店。经在中国传教的伊牧师介绍，寄居在温都太太家里。温都太太是个寡妇，和闺女玛力一起生活，起先是一百二十个不愿意招俩中国人来家住，可架不住伊牧师的死说活磨打保票，以及马家父子出的高价房租可以贴补她们孤儿寡母的家用，勉强答应了。不曾想日久生情，二马爷俩儿居然对住在同一屋檐下的温都母女产生了"爱情"。于是，他们在异国他乡陷入了一场感情、家庭伦理、人际交往的危机。

老舍在和自己谈心说笑话，他在和自己过去所经历的各种人物谈天，他在和自己家乡故里的人们拉家常。这点小小的乐趣使他开心，于是他也就不断地写了下去。

4

荷兰公园圣詹姆斯花园31号，2003年11月被英国遗产委员会正式镶上"名人故居"的特定标志——一块素雅大方的圆形蓝牌。老舍是第一位在英住所被列为"名人故居"的中国作家。这块牌匾素雅醒目，蓝底镶一圈细白边，

老舍作品《二马》

字体亦纯用白色，最上面用小字写着"英国遗产"，正中是老舍的英文名字与中文名字（中文拓的是老舍夫人胡絜青的笔墨）与生卒年份，下面用英文写着：中国作家在此居住，再下注明1925-1928，即老舍在此居住的年份。

老舍在英国的故居

南洋，花朵盛开

南洋的开发设若没有中国人行么？中国人能忍受最大的苦处，中国人能抵抗一切疾痛：毒蟒猛虎所盘踞的荒林被中国人铲平，不毛之地被中国人种满了菜蔬。中国人不怕死，因为他晓得怎样应付环境，怎样活着。中国人不悲观，因为他懂得忍耐而不惜力气。他坐着多么破的船也敢冲风破浪往海外去，赤着脚，空着拳，只凭那口气与那点天赋的聪明，若能再有点好运，他便能在几年之间成个财主。自然，他也有好多毛病与缺欠，可是南洋之所以为南洋，显然的大部分是中国人的成绩。

1

"红海早过了。船在印度洋面上开驶着。但是太阳依然不饶人地迟落早起侵占去大部分的夜。夜仿佛纸浸了油，变成半透明体；它给太阳拥抱住了，分不出身来，也许是给太阳陶醉了，所以夕照霞隐褪后的夜色也带着酡红。到红消醉醒，船舱里的睡人也一身腻汗地醒来，洗了澡赶到甲板上吹海风，又是一天开始。这是七月下旬，合中国旧历的三伏，一年最热的时候。在中国热得更比常年利害，事后大家都说是兵戈之象，因为这就是民国二十六年（一九三七年）。

这条法国邮船白拉日隆子爵号（Vicomte de brageloone）正向中国开来。早晨八点多钟，冲洗过的三等舱甲板湿意未干，但已坐立了人，法国人、德国流亡出来的犹太人、印度人、安南人，不用说还有中国人。海风里早含着燥热，胖人身体给风吹干了，蒙上一层汗结的盐霜，仿佛刚在巴勒斯坦的死海里洗过澡。毕竟是清晨，人的兴致还没给太阳晒萎，烘懒，说话做事都很起劲。那几个新派到安南或中国租界当警察的法国人，正围了那年轻善撒娇的犹太女人在调情。俾斯麦曾说过，法国公使大使的特点，就是一句外国话不会讲；这几样警察并不懂德文，居然传情达意，引得犹太女人格格地笑，比他们的外交官强多了。这女人的漂亮丈夫，在旁顾而乐之，因为几天来，香烟、啤酒、柠檬水沾光了不少。红海已过，不怕热极引火，所以等一会甲板上零星果皮、纸片、瓶塞之外，香烟头定又遍处皆是。法国人的思想是有名的清楚，他们的文章也明白干净，但是他们的做事，无不混乱、肮脏、喧哗，但看这船上的乱糟糟。这船，倚仗人的机巧，载满人的扰攘，寄满人的希望，热闹地行着，每分钟把沾污了人气的一小方水面，还给那无情、无尽、无际的大海。

照例每年夏天有一批中国留学生学成回国。这船上也有十来个人。大多数是职业尚无着落的青年，直在暑假初回中国，可以从容找事。那些不悉没事的学生要到秋凉才慢慢地肯动身回国。船上这几们，有在法国留学的，有在英国、德国、比国等读书，到巴黎去增长夜生活经险，因此也坐法国船的，他们天涯相遇，一见如故，谈起外患内乱的祖国，都恨不得立刻就回去为它服务。船走得这样慢，大家一片乡心，正愁无处寄托，不知哪里忽来了两副麻将牌。麻将当然是国技，又听说在美国风行；打牌不但有故乡风味，并且适合世界潮流。妙得很人数可凑成两桌而有余，所以除掉吃饭睡觉以外，他们成天赌钱消遣。"

这是钱钟书的《围城》里留学生回国的情景，方鸿渐的故事就在红海上随着海水起伏懒洋洋地开始了。留学生回国通常就是这么一番场景。8年前，老舍在海上的情形也与此差不多。

老舍离开伦敦后，在德法意等国跑了一圈，虽然精打细算，不多的英镑还是在指缝里迅速花光。幸而巴黎的朋友还拿着老舍几个钱，要不然就离不了法国了。这几个钱仅够买三等票到新加坡的。那也无法，到新加坡再讲吧。反正新加坡比马赛离家近些，就是这个主意。老舍在马赛港登上了这样一艘船，但是他的终点却是新加坡。老舍说：

离开欧洲，两件事决定了我的去处：第一，钱只够到新加坡的；第二，我久想看看南洋。于是我就坐了三等舱到新加坡下船。为什么我想看看南洋呢？因为想找写小说的材料，像康拉德的小说中那些材料。

每次看到这里，我就会禁不住笑起来。老舍是个多么可爱有趣的年轻人啊，他是如此地率性，在巴黎逗留到口袋无钱也不发愁，贫苦在他眼里是如此微不足道。既然钱只够买到新加坡，那就先去新加坡好了，反正新加坡离中国比马赛离家近些。

在我最初阅读老舍的时候，我一直觉得老舍是个特别谨慎踏实的人。也许是被他的笔名中的"老"而迷惑吧。或者是因为他的作品中，再多的幽默也有掩藏不住的深刻与悲凉，他的心里装着满满的忧虑和思考。可是，这张去新加坡的船票却让我重新打量起老舍来。

上了船，老舍口袋里还剩了十几个法郎，合华币大洋一元有余。老舍在船上遇见了几位留法的中国学生。大家一见如故，不大会儿的工夫，大家都彼此明白了经济状况：最阔气的是位姓李的，有二十七个法郎，比老舍阔着块把来钱。大家很高兴，说得也投缘。有人提议：到上海可以组织个银行。他是学财政的。老舍没表示什么，因为他的船票只到新加坡，上海的事先不必操心。船上还有两位印度学生，两位美国华侨少年，七八个到安南或上海的法国舞女，最年轻的三十多岁。三等舱里很热闹，舞女们一唱就两个多钟头，她们唱或抢腿，其他人就瞎扯，扯腻了便到甲板上过过风。茶房是中国人，永远蹲在暗处，不留神便踩了他的脚。他卖一种黑玩意儿，五个法郎一小包，舞女们也有买的。二十多天就这样过去：听唱，看大腿，瞎扯，吃饭。舱中老是这些人，外边老是那些水。没有一件新鲜事，大家的脸上眼看着往起长肉。

坐船是件苦事，明知光阴怪可惜，可是没法不白白扔弃。书读不下去，海是看腻了，话也慢慢地少起来。老舍的心里还想着：到新加坡怎么办呢？

2

当康拉德这个名字出现的时候，我惊异了一下。显然，康拉德是阅读老舍心灵空间的一扇窗。老舍说：

他的笔上魔术使我渴想闻到那咸的海，与从海岛上浮来的花香；使我渴想亲眼看到他所写的一切。别人的小说没能使我这样。

康拉德1857年生于俄国统治下的波兰，在他5岁的时候，父亲被流放到俄罗斯北方。1865年4月6日，母亲伊芙琳娜去世，年仅34岁。康拉德的童年就是在失去母爱和与病怏怏、伤心欲绝的父亲阿波罗相伴的环境中度过。他没有小伙伴玩耍，只有一件事能让他摆脱现实世界，那就是阅读。年幼的康拉德在书籍中找到避难所，他经常读不该是他这个年龄该读的书，莎士比亚的《维罗纳二绅士》、雨果的《悲惨世界》，他渴望到书里写的可以自由讲话自由呼吸的国度。1869年5月，一直抑郁的阿波罗去世，他最后生活的地方克拉克乌的各界人士参加了他的葬礼。1872年12月28日，克拉克乌市政当局给康拉德以自由之身并且享受免税待遇。获得自由后，他告诉舅舅埋在心里两三年的愿望：他想当水手，他要不惜一切代价奔向自由的世界，在宽阔的大海里有他渴望的生活。

17岁的康拉德抵达马赛，开始了他的水手生涯。一个晚上他驾驶船只在黑漆漆的夜色里开往伊夫夏托。船长坐在降下的帆上，摸找着烟斗对他说："让船跟着月亮走吧。"也许，作家康拉德就是在那个晚上诞生的。

21岁的康拉德踏上英格兰的土地，他不会说英语，在英国也没有认识的人。但是康拉德喜欢英国，他觉得它豪爽正直。他积极学习英语，参加英国商船业务考试的学习。1880年通过了二副考试，1884年获得了担任大副的合格证。此后二十年，康拉德的生活在海上度过，他升为大副，又升为船长。在长期来往于南太平洋的漫长的航程与咸味的海风里，他皮肤鳌黑，几乎是黑色的头发，深褐色的眼睛，蓄着褐色的尖尖的胡子，他熟悉了水手，经纪人，商人，冒险家，土邦的王公贵族，荷兰人，中国人，马来人，以及他们令人骇异的世界，后来他就去描写这个世界。

《阿尔梅耶的傻念头》写的是一个他在同一条航程上萍水相逢的人和事。那天，康拉德在他的商船甲板上见到了此人奇特的样子，背衬着棕榈树和竹子，他穿着有黄色大花瓣的花卉图案的棉睡衣裤，身体胖大结实。别人告诉他这个人的可悲的、具有浪漫色彩一生的潦倒命运，这个人叫阿尔梅耶，是一个有一半荷兰血统的混血人，从唐戈拉至新加坡在水手口头到处都有他的事迹流传。阿尔梅耶娶了当地一个权势人物的女儿，那是一个被富有的植物园主俘虏并收为义女的姑娘。他跟她生了一个女孩，他非常疼女儿，愿意使她欧化。但憎恨他的土著妻子重获对女儿的控制权，又吸引她回到野蛮状态。他经商失败后幻想在该岛的腹地有一处埋有宝藏；他盖了一所房子在岛上做长久之计，始终想发现这笔财富。这所房子被人称为"阿尔梅耶的傻念头"。他热爱的独生女儿后来抛弃他跟一个巴利岛上王的儿子私奔，他失望之余长期吸毒死去。阿尔梅耶面对未开化的自然变成半疯，黑暗的势力打赢了。

康拉德是海上的诗人，从飘浮着一个枯枝，到那无限的大洋，他提取出他的世界。海陆上所能发生的奇事都不足以使他惊异；他不慌不忙的，细细品味所见到听到的奇闻怪事，而后极冷静地把它们逼真地描写下来；他的写实手段有时候近于残酷。他不止一次曾写到水手沉溺时跟死亡的搏斗。"谁也说不上他们死亡时有什么想法，有什么遗憾，嘴边有什么话。但是在这些心灵突然从拼命的挣扎，极度的紧张，可怕的喧嚣——从浩瀚无边的海面不息的暴怒中沉向自开天辟地以来海底宁静和平的深处，在那里无忧无虑地长眠时，这里面是有什么美好意味的吧。"可是他不只是个冷酷的观察者，他有自己的道德标准与人生哲理，在写实的背景后有个生命的解释与对于海上一切的认识。他的作品里有大海的奇异，也有哲理的深刻。

《水仙号上的黑水手》是有关一艘船的一次航行和中途遇到的一场暴风雨的非常简单的故事。没有曲折的情节，但所有的各种类型的人物是以一个群体的形式表现的——船长，大副，一批普通人，社会渣滓和一个奇特的人物，即那个黑水手，他神秘地患病，引起有始无终的同情，几乎把整个一船人都毁了。

《台风》是一艘运载中国苦力的船的惊险故事，他们为了在一场可怕的台风中散失的钱款开始互相斗殴，要不是船长麦克惠尔的冷静态度,暴风雨和船上的一场叛乱可能会造成船毁舟沉。

《青春》是一艘在海上发生火灾的船只的故事。讲述这场灾难的年青的二副回顾他第一次担任这个职位时快乐和直至濒临死亡时的忠于职守这两种感觉。

《吉姆爷》是康拉德最杰出的小说之一,也是一个海洋的故事,一艘名叫"派特那"号载有印度往麦加朝圣者的船只,撞上一艘漂浮的沉船的残骸,裂开一个口子,不幸的高级船员们违反航海规则,置朝圣者于不顾,弃船登上救生艇逃命。但船没有沉。它由一艘法国炮艇拖到港口,有罪的负责人员不得不面对法庭的审判。年轻的大副吉姆是他们当中唯一家庭出身堂堂正正的英国人,他不理解他如何没有尽职。在糟糕的上级命令下,任何人不也会同样这么做吗?但是他不能原谅自己。职业上的污点折磨着他,他力图以自己的一生去洗刷,最后在为捍卫荣誉的关键时刻牺牲。

康拉德是一个海洋小说家,可以说更是一个某些道德主题的小说家。他曾对高尔斯华绥说,不论你做什么,人们总是越过你的艺术去寻找你的思想,要引导当代的评断则必须强调这些思想。

他于1924年逝世,非常突然,死于心力衰竭。去世前一天他整日都在桌前写东西。

老舍与康拉德一样有一段孤独的少年岁月,他们失去了双亲中的一方,家里的气氛充满了寂寞、孤单,亲情是根柔软的绳子给他们依靠也给他们束缚。

老舍和康拉德一样从异域来到了英国,他们迅速地发现并欣赏英国文化的优点,他们喜欢英国文学,他们在英国完成了对人性文化复杂性的体认。

老舍和康拉德一样关注现实生活,他们都是残酷地写实,不肯创造一点乌托邦的幻梦,他们在文学里培育悲壮的道德主题。

老舍和康拉德有一样的漂泊情怀与忧郁气质,就像康拉德特别欣赏的几行诗:

在寒冷的空气中,由无数火焰浮起,

地球,一条旧桅朽烂的可悲的船,没有舵手,

航向许多难以想象的港口,它的光辉梦想既朦胧又无力。

不同的是,康拉德是自由的,他在海上航行。老舍是不自由的,祖国的老母亲还在等待他回家。可是,老舍的内心深处多么渴望在夜航中自由呼吸海洋的气息的一生。

3

新加坡,路的两旁杂生着细细高高树干光洁的椰树与槟榔,海蓝的天空,迎面扑来炎热的风;路上穿白或黑的女郎,赤着脚,趿拉着木板,嗒嗒地走,偶尔瞥一眼树丛中那怒红的花;矮而黑的锡兰人,头缠着花布,一边走一边唱着甜美的歌。

坐一辆洋车去商务印书馆。此处的洋车夫是多数不识路的,需要坐车的人亲自指路,车夫便直直跑下去。老舍上欧洲去的时候曾经在此处玩过一天,好歹记得商务印书馆是在条热闹街上。指了一条看起来比较繁华的街道,洋车一直跑下去,老舍心里说:商务印书馆要是在这条街上等着我,便是开门见喜;它若不在这条街上,我便玩完。

事情就这么吉利凑巧,商务印书馆果然稳稳地立在路边等着他呢。

商务印书馆的经理包先生说事情不大易找,他介绍老舍认识了南洋兄弟烟草公司的黄曼士先生,黄先生在地面上很熟,而且好交朋友。三个人先在商务馆吃了顿饭,虽然没有想出帮老舍找什么事情做,却结成了好朋友。后来,老舍在新加坡的时候常到黄先生家去吃饭,也常一同出去玩。黄先生家乡寄来龙井与香片,香片都归了老舍。最后,还是中

老舍任教的南洋华侨中学旧照

华书局的经理徐采明先生领着老舍到华侨中学去谋了个国文教员的职位。

于是,老舍马上搬来行李,上任大吉。

老舍入乡随俗,先花两毛钱买了个大柚子吃吃,然后支了点钱,买了条毯子,因为新加坡属于热带雨林气候区,是"常年是夏、一雨成秋夜"的天气;买了身白衣裳,中不中,西不西,自有南洋风味;赊了部《辞源》,教书不同自己读书,字总得认清了——有好些好些字,总以为认识而实在念不出。

一夜甜梦醒来,发现新《辞源》摆在桌上被老鼠啃坏了,孩子气地预备用皮鞋打老鼠,及至见了面,发现老鼠的身量至少比《辞源》长,搞不好是鼠仙显灵了,随它去吧。棚上墙上玻璃杯里到处是壁虎,壁虎喜欢甜味,盛过汽水的杯子总有它们来照顾一下,它们还会唱歌,吱吱的,没什么好听,可也不十分讨厌。

住了几天,大约因为水土不服,老舍病了,发烧,身上起了小红点。老舍先是有点忧心,用不多的医学知识开始了瞎猜:痧疹归心,是不是该写封遗书交代一下身后事?别的倒没什么,只是担心远在北京的老母亲。校医给了两包金鸡纳霜，告诉老舍离死还很远。

于是，老舍马上放下心来，养病大吉。

学校里的生活颇有趣味。新加坡是个工商社会，大家不讲究穿，不讲究排场，也不讲究什么作诗买书，所以人们的生活自然俭朴简单。学生们都会听国语，大多数也能讲得很好。他们很活泼，下课后不大穿衣，身上是晒得古铜的健康色。他们虽然是有钱的资本家子弟，但是都很爱中国，愿意听激烈的主张与言语。他们喜爱新闻学，自己也办文艺刊物的。他们爽直，先生们若能和他们以诚相见，他们便很听话。

于是，老舍安下心来，教书大吉。

每天上午早教书，吃过午饭就睡大觉，热便在暗中度过去。六点钟落太阳，晚饭后还可以作点工，壁虎在墙上唱着。老舍是个容易知足的人，有薪水可拿，美！夜间还可以盖毯子，美！早午晚三次在自来水龙头下灌顶浇脊背的冲凉，美！

屋外的虫声，林中吹来的湿而微甜的晚风，道路上印度人的歌声，妇女们木板鞋的轻响，都使人觉得应到外边草地上去，卧看星天，永远不动一动。

老舍不能只凝望天上的星，他想起了康拉德：

老舍任教的南洋华侨中学旧照

对于别人的著作，我也是随读随忘；但忘记的程度是不同的，我记得康拉得的人物与境地比别的作家的都多一些，都比较的清楚一些。他不但使我闭上眼就看见那在风暴里的船，与南洋各色各样的人，而且因着他的影响我才想到南洋去。

我的梦想是一种传染，由康拉得得来的。我真的到了南洋，可是，啊！我写出了什么呢？！失望使我加倍的佩服了那《台风》与《海的镜》的作家。我看到了他所写的一部分，证明了些他的正确与逼真，可是他不准我摹仿；他是海王！

到新加坡以前，老舍在欧洲大陆上开始动笔，在由马赛到新加坡的船上也写了些，一共写了四万多字，书名是《大概如此》。写的一男一女，男的穷而好学，女的富而遭了难。穷男人救了富女的，两个人开始恋爱，男的是真落于情海中，女的只拿爱作为一种应酬与报答，结果把男的毁了。

到了新加坡，老舍决定抛弃这个故事。他开始写《小坡的生日》。

故事的主人公是小坡和他的妹妹，主要讲述小坡在学校里的故事以及和朋友之间的趣事，爸爸带小坡及哥哥妹妹到猴山去看猴子，并与一群猴子们所发生有趣的事情。文章的最后几部分描述小坡在梦境里所做的梦，梦见了在戏台子上发生的事情、去寻找老虎，解救姑娘……最后醒来

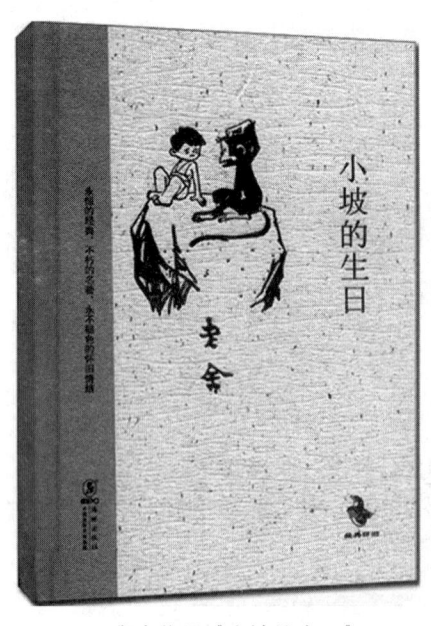

老舍作品《小坡的生日》

才发现自己原来是做梦。

小坡是一个有意思的孩子,他总有说上三天三夜也说不尽的稀奇古怪的问题,他好问,问得妈妈耳朵生老茧才肯罢休,如:为什么哥哥要叫大坡?为什么自己要叫小坡?为什么妹妹不叫小小坡、二小坡等等,却偏偏要叫仙坡?诸如此类的问题总是萦绕在妈妈耳边。而且妈妈的回答一天一个样,让本来已经糊涂的小坡更是糊涂。

小坡是个善良、朴实,可爱的男孩。他爱自己的亲人,尤其爱他的妹妹。晚上睡觉前,他总要帮妹妹把花毯盖好,把帐子关好,生怕让四眼虎把妹妹叼走了。每天上学前,他早早地起床,带着妹妹一起到学校去。妹妹并不上学,为什么要带着妹妹一起去学校呢?原来,妹妹爱哥哥,每天要送他上学。小坡就先让妹妹送他,到校后,他又折回来,送妹妹回家。到家后,他再独自上学。一来一去,他得提早很多时间起床,他的哥哥总比他晚起却早到校。小坡并不觉得这样麻烦,他乐此不疲,因为他觉得作为哥哥,满足妹妹的小小愿望是理所当然的,也是很幸福的。

小坡是个淘气的孩子。他总爱逃学。先说一说小坡为什么要逃学。小坡本来是很爱先生的,可是他们的意见老不相同;他爱"8",先生偏问"7";他要唱歌,先生偏教国语。于是,他就走出学校,跑到大街上去看热闹了。他最爱看娶新娘或是送殡了,那才热闹,那才有意思。除了凑这热闹,他还到码头看那海水,远处,忽然深蓝,忽然浅紫;近处,一块儿嫩绿,一块儿娇黄,随着太阳与浮云的玩弄,换着颜色儿。再看船,大的小的,高的矮的,丑的俊的,长的短的。这景致,就是看一千回,一万回,他也看不腻。

不过,他在逃学时还做了一件好事。他正顺着大马路走,一眼看见个老太太,提着一筐子东西,累得满头是汗,吁吁带喘。小坡一看,登时走过去,没说什么,抢过筐子便顶在头上了。

小坡非常天真，他天天都想过生日。为的就是过生日那天吃早餐，不仅粥可以随便喝，油条也可以随便吃，而且有四碟小菜。另外，生日那天还有丰富的活动。早晨，上植物园看猴子，喂它们花生香蕉。下午，去电影院看电影，银幕上那个一会儿摔个脚朝天，一会儿跌个嘴啃泥的大脑袋人，笑得小坡喘不过气来，晚上做梦都做到电影里去了。

他很尊重长辈。他从不跟爸爸妈妈又哭又闹，每当爸爸妈妈睡觉的时候，他总是干什么事都轻手轻脚的，生怕惊醒了他们的美梦。他很懂得礼仪。就连与同学打斗完了，他也要说一声"对不住啊"然后与对方握手言和。

老舍为这个国家增加了不少"神话色彩"。在那里生活的孩子，都来自各个地方，有的是印度人，有的是新加坡人，他们所上的学校也大不相同。小坡的伙伴们，有的一个月只上一天学，开学报个到就可以回家了；有的两个双胞胎轮流上不同的课程；有两个小妞，她们的"学习方法"才是最最独特的：她们每天中午都去为先生们"点菜"，如果她们不去，先生们就宁可饿的前心贴后背。老舍先生给了学校一个翻天覆地的机会，让它成为了孩子心中的美好地带，也充分体现了童年的快乐与自由有多么重要。故事里的小坡是快乐的，也是幸福的。快乐的小坡也给我们带来了无穷的欢乐。

老舍终于走近了康拉德，他走出自己"世界"，用他习惯用的目光去发现一个新的"世界"及与自己不同的人。他像康拉德一样，写出了一个有传奇色彩的世界，他写这个世界里孔武有力的人，真性情的率性的热血的人生。

希望还能再写一两本这样的小书，写这样的书使我觉得年轻，使我快活；我愿永远作"孩子头儿"。对过去的一切，我不十分敬重；历史中没有比我们正在创造的这一段更有价值的。我爱孩子，他们是光明，他们是历史的新页，印着我们所不知道的事儿——我们只能向那里望一望，可也就够痛快的了，那里是希望。

4

《小坡的生日》写到五万来字，放年假了。老舍准备回家了，他是一只高空的风筝，思乡的线始终牵着他。二月底，老舍告别了新加坡，告别了康拉德，又上了船，向着故乡北平航行。

走的时候，他是舒庆春。

回来的时候，他被人们叫做老舍了。

名字的变化，往往标识着身份的变化、使命的变化。

青青河边草

　　我的理想家庭要有七间小平房：一间是客厅，古玩字画全非必要，只要几把很舒服宽松的椅子，一二小桌。一间书房，书籍不少，不管什么头版与古本，而都是我所爱读的；一张书桌，桌面是中国漆的，放上热茶杯不至烫成个圆白印；文具不讲究，可是都很好用；桌上老有一两枝鲜花，插在小瓶里。两间卧室，我独居一间，没有臭虫，而有一张极大极软的床。在这个床上，横睡直睡都可以，不论咋睡都一躺下就舒服合适，好像陷在棉花堆里，一点也不碰硬骨头。还有一间，是预备给客人住的。此外是一间厨房，一个厕所，没有下房，因为根本不预备用仆人。家中不要电话，不要播音机，不要留声机，不要麻将牌，不要风扇，不要保险柜。缺乏的东西本来很多，不过这几项是故意不要的，有人白送给我也不要。

　　院子必须很大，靠墙有几株小果木树。除了一块长方的土地，平坦无草，足够打开太极拳的。其他的地方就都种着花草——没有一种珍贵费事的，只求昌茂多花。屋中至少有一只花猫，院中至少也有一两盆金鱼；小树上悬着小笼，二三绿蝈蝈随意地鸣着。

这就该说到人了。屋子不多，又不要仆人，人口自然不能很多：一妻和一儿一女就正合适。先生管擦地板与玻璃，打扫院子，收拾花木，给鱼换水，给蝈蝈一两块绿黄瓜或几个毛豆；并管上街送信买书等事宜。太太管做饭，女儿任助手——顶好是十二三岁，不准小也不准大，老是十二三岁。儿子顶好是三岁，既会讲话，又胖胖的会淘气。母女做饭之外，就做点针线，看小弟弟。大件衣服拿到外边去洗，小件的随时自己涮一涮。

1

回国后，31岁的老舍已属大龄剩男，母亲为他的婚事急得常常睡不好觉。热心的朋友们也纷纷为老舍做媒。可是，不知是因为伤了心，还是依然放不下刘家小姐，老舍变成了恐婚一族。老舍的心是一条河，清澈见底，曾有一条红色小鱼游来游去激起层层涟漪，水滴是诗歌的珠子，波纹是浅浅的微笑。因为有了这尾鱼，他体会到了蝶翅是怎样欢欣、柳枝同是怎么样前后左右地微动、蓝天是怎样地光亮暖和，有了这尾鱼，河水浮着波光粼粼的梦。后来，鱼儿被放了鱼饵的网捞走了，河底只剩下了硬硬的突突的鹅卵石。他思念着那尾活泼的鱼儿，任何一条游来的鱼儿都会都令他加倍思念那尾活泼的小红鱼，所以，他索性做一条至清无鱼的河。

除却初恋带来的悲伤，对于婚姻，老舍也有着现实而悲观的认识。他的童年时光在贫民居多的小杨家胡同里度过，自小，他所见过的婚姻，往往与爱情无关。马得胜和孙占元从前线上溃退下来，发了几百多块钱的财，不几天就花掉了一半。他们想娶妻，钱，就是那一些；一人娶一房是办不到的，也不能口袋底朝上，把洋钱都办了喜事，刚入了洞房就白瞪眼，耍空拳头玩。一个娶妻一个照旧打光棍也不合适。说媒拉纤的李先生给他们出了主意——"合伙娶"。他们娶了拉洋车的老林的女儿，林姑娘万也没想到这个，去和父亲要主意，他病病歪歪的还能有主意？找李先生去，有什么凭据？林姑娘在作为洞房的小屋子里愣一会子又转几个小圈。她想离开这间小屋，可是又能上哪里去？她的命本来不是她自己的，她与父亲的棺材一共才值五十块钱，她只能接受这个现实。小邱和他的媳妇夜里经常打架，白天却做出一番欢喜和气的样子给别人看，小邱嫂漂亮洒脱，小邱外号"王八脖子"，小邱嫂没生过小，她对小邱半笑半恼地说，凭你个软货也配有小孩？小邱的脖子便缩得更厉害了，似乎十分伤心的样子。小邱嫂跟别人跑了，差不多有半年的工夫，忽然有一天晚上，小邱手里拿着个碟子很喜欢地说："邱嫂回来啦，我给她买几个热包子去！"他把个"热"字说得分外真切。对小邱而言，最重要的只是小邱嫂在身边就可以了，在他的心里，小邱嫂是否爱他并不重要。平民的胡同里是生长不出浪漫爱情的地方，贫贱夫妻百事哀，要知道"情种只生于大富之家"。

　　面对别人的好意做媒，老舍既然不遁入空门做和尚，就得找些理由回绝。比如：自己挣钱不多，而负担很大，所以不愿再套上一份麻烦，作双重的马牛。有时候还会讲出些颇为深刻的大道理来，比如：人生本来是非马即牛，不管是贵是贱，谁也逃不出衣食住行，与那油盐酱醋。不过，牛马之中也有些性子刚硬的，挨了一鞭，也敢回敬一个别扭。合则留，不合则去，我不能在以劳力换金钱之外，还赔上狗事巴结人，由马牛调作走狗。这么一来，随时有卷起铺盖滚蛋的可能，也就得有些准备：积极的是储蓄俩钱，以备长期抵抗；消极的是即使挨饿，独身一个总不致灾情扩大。卖国贼很可以是慈父良夫，错处是只尽了家庭中的责任，而忘了社会国家。不肯结婚，乃是对社会国家的一大幸事。

于是，老舍对自己的不婚状态，越想越有理，甚至有些深明大义的意味了。

主张结婚的朋友们压根没把这些理由当回事，他们头头是道地反驳老舍：第一，两个人的花销未必比一个人的花销多，比如房屋、家具都是可以共用的资源；第二，即使多花一些，可是结婚的乐趣多于单身，苦乐相抵，也不算吃亏；第三，若是找位能挣些钱的女子，共同合作，不仅不会多花钱，也许从此就富裕起来；第四，即使太太不能挣钱，而且多花一些，这恰恰是人生的挑战，人生本来是经验与努力，不能永远消极的防备，而当努力前进。

老舍无语了，深明大义的道理也变得干巴巴的没啥说服力了。

朋友们赶紧再来添一把火：老光棍儿正如老姑娘。独居惯了就慢慢养成古怪的绝户脾气，自己苦恼，大家不痛快，这是何苦？

老舍又无语了，他可不希望自己变成一个老别扭鬼。

母亲也来凑一把热闹："为了养活我，你牺牲了自己，我是怎样的难过！"

老舍不想让老人伤心，干脆编个瞎话：不久即有好消息。

朋友们觉的这句话就是昭告天下的征婚启事，立刻开始热情地给老舍介绍女友。

老舍说：难道我自己不会去找么？

朋友们说：非也非也，恋爱本无须找人帮忙，不过，在恋爱期间，理智往往弱于感情；一旦造成了将错就错的局面，必会将恩作怨，糟糕到底。反之，经友人介绍，旁观者清，即使未必准是半斤八两，到底是过了磅的有个准数。多一番理智的考核，便少一些感情的瞎碰。双方既都到了男大当娶，女大当聘之年，而且都愿结婚，一经介绍，必定郑重其事的为结婚而结婚，不是过过恋爱的瘾，况且结婚就是结婚；所谓同居，所谓试婚，所谓解决性欲问题，原来都是这一套。同居而不婚，也得两人吃饭，也得生儿养女；并不因为思想高明，而可以专接吻，不用吃饭！

你一言，我一语，说得老舍心中闹得慌。老舍没了办法，顺势答应了结婚，倒显得更识大体。

2

正红旗有个姑娘，叫胡絜青。人若其名，端庄娴静，且书画兼修，是美人又是才女。胡家家世颇好，父亲官拜参将，按清朝官职表中应为正三品，家中广有房产，仅在白塔寺一带便有百十间房。胡絜青在北京师范大学念书，26岁还未谈婚论嫁，她母亲比老舍母亲还急，怕她因为这学业而耽误了终身大事。

语言学家罗常培先生，就是老舍的发小儿"歪毛儿"，也是胡絜青兄弟的朋友。有一回，他到胡家去玩，胡母像对几乎所有来客一样地对他唠叨起女儿的婚事并托他帮忙物色。罗常培立刻想到了老舍，此时老舍刚好从伦敦回国，而且已是著有《老张的哲学》和《赵子曰》等作品的著名作家了。就这样，大家心里开始偷偷酝酿一个计划。

在胡絜青还有一年学业的时候，她想每周教几节钟点课以补家用。这一想法得到她所熟识的教音乐的张秀中老师的支持，带她去找当时在北京师范学校任教务主任的白涤洲。巧合的是，张秀中、白涤洲和老舍，以前都是北京师范学校的同学与好友；更巧合的是，老舍从英国伦敦回国，已应聘去山东济南齐鲁大学任教，返回北京的三四个月间，一直就住在老同学、老朋友白涤洲的家中。几个巧合加在一起，不免让后人疑心这是几个朋友的精心设计。在白涤洲家中，胡絜青"偶遇"了闻名已久的老舍。胡絜青从《小说月报》上连载老舍的《老张的哲学》起，就关注着这位旅英的作家，她非常喜欢他平易、顺畅、幽默的作品。不过，胡絜青一直以为老舍是个五十多岁的老者，没有想到，他这么年轻，温文尔雅。

老舍看到这位正红旗的姑娘的时候，原本冰封的内心吹进了夏天的风。胡絜青这时已经26岁，接受过良好的高等教育，外形娴雅，思想成熟，言行举止落落大方。她是老舍完全没有接触过的女子类型，没有深闺里女孩子的哀怨，没有大杂院里姑娘的凄惶，她带给老舍绿草般的清新与坚韧，简直像是为老舍量身定做的结婚对象。

胡絜青回到家后，母亲追问她对老舍的感觉如何，她支吾着回答"还行"。老舍回到家中，母亲也问他对胡家姑娘的感觉如何，他含蓄地回答"不错"。

接下来，白涤洲、罗常培先后三次轮流做东，宴请老舍和胡絜青，就这样，两个人熟悉起来。

老舍到济南教书去了，他开始给胡絜青写信。

你给我的印象，像个日本少女。我们连吃了三顿饭，也没听见你说什么，你是个铜嘴葫芦。

倘若说我们俩人将来能够共同生活，头一样，你要能受苦、要能吃窝头，如果天天想坐汽车就别找我；其二，要刻苦，学一门专长；

老舍赠予胡絜青定情的照片

第三，不许吵架。

我最孝敬父母，你从小刻苦，自发愿意上大学，而且念到毕业，我般配不起你。可现经朋友介绍，你是最坚强的人，我也是坚强的人，将来共同相处，必定和和睦睦，不吵不闹。和美的家庭才是真正的人生。

我没有欧洲人的习惯，出去时夫人在前面走，我在后面跟着打雨伞，我不干。如果心里有气，回家就打太太，我也不干。我们都是正红旗人，生活习惯、风俗相同，我们有共同语言，各有各的专长，我们能够生活在一起。

老舍一天来一封信，连续写了一百多封信。

胡絜青追求家庭中男女真正的平等，而不是那种做给外人看的假平等，她不打算结婚后成为家庭主妇，她要出去工作。这一点，老舍也表示了赞同。在体格上、学识上，老舍有绝对优势，但是，他不愿意控制甚至于强迫她随着他的意见与行动为转移，老舍认为女性的存在是完全独立的，夫妻双方应该互补互扶互相尊重。

1931年7月14日，老舍与胡絜青举行了婚礼。出洋留过学的老舍衣着很西化，西装革履，还戴着白手套。他领着迎亲队伍前去西城宫门口三条胡家，把胡絜青迎了出来。胡絜青身披华丽的婚纱，手捧鲜花，打扮得像个天使。老舍本想举行一个全新的文明婚礼，即只是发帖子邀请亲朋好友前

老舍与胡絜青的结婚照

来聚餐，但双方母亲坚持要保留旧俗。最后是相互妥协，既有磕头、拜堂、鞠躬等老礼，也有证婚人宣布婚姻等新礼。他和她站在了一起，从此，他们要一起面对漫长人生路上的风雨了。

待客人全部撤走后，两人相拥着来到临时的洞房——灯市口环瀛饭店。四目对视，老舍对胡絜青说："以后你看我不吭声时，别怀疑我对你有意见，我只是在想事，或构思小说呢。"胡絜青说在那样的时刻决不打扰他。

婚后半个月，老舍携带妻子来到济南，继续当他的教授，胡絜青则在一家中学里教书。

这是一份既浪漫又踏踏实实的婚约。他们相似的民族文化内蕴，相近的生活态度与沉静、坚韧的性格，就像两张拼图，严丝合缝地组成了一个生活的整体，和谐、稳固。

此时，有人问起关于结婚的感受，老舍这下可有了发言权。

关于大龄剩男剩女会不会变成古怪的绝户脾气的问题。老舍说，不错，朋友们说对了，有了家，脾气确是柔和了一些。夫妻吵架时谁都有一篇大道理，但是因为语言的慌急和心中的跳动，谁都越说越没理；到后来，只求口中的痛快，一点也不管哪叫近情，何谓合理；说着说着，甚至于忘了话语的线索，而随便用声音与力气继续地投石射箭。所以两个人要平安相处，必须要采纳对方的意见，绝不能一意孤行。老舍还是忍不住再发表点深刻言论：男女同居，根本需要民治精神，独裁必引起革命。

再说经济的问题。老舍说，谁再说俩人花钱不见得比一人多，一定毫不迟疑地敬他一个嘴巴子。俩人是俩人，多数加 S，钱也得随着加 S。太太可以去挣钱，俩人比一人挣得多；可是花得也多呀。公园，电影场，绝不会有"太太免票"的办法，别的就不用说了。及至有了小孩，简直的就不能再有什么预算决算，小孩比皇上还会花钱。太太的事不能再做，顾了挣钱就顾不了小孩，因挣钱而把小孩养坏，照样的不上算；好，太太专看小孩，老爷专去挣钱，小孩专管花钱，不破产者鲜矣。不过，小孩会带来许多快乐，作了父母的夫妻特别的能彼此原谅，而小胖孩子又是那么天真可爱。单单的伸出一个胖手指已足使人笑上半天。

说到娶什么太太的问题。老舍说，美不是一切。太太不是图画与雕刻，可以用审美的态度去鉴赏。人的美还有品德体格的成分在内。健壮比美更重要。结婚是关系于人生的根本问题的，吃，喝，性欲，繁殖，在结婚问题中比什么理想与学问也更要紧。两个帮手，彼此帮忙，是上等婚姻。

不过，老舍还有那么一点忧虑，结了婚，牵挂也多了很多，为了两个人打算，绝不会像一人吃饱天下太平那么干脆。于是该将就者便须将就，不便挺起胸来大吹浩然之气，恋爱可以自由，结婚无自由。

总之，老舍诡秘地一笑。

假若你想结婚的话，又该去思索一番。娶妻需花钱，生儿养女需花钱，负担日大，肩背日弯，好不伤心；同时，结婚有益，有子也有乐趣，即使乐不抵苦，可是生命至少不显着空虚。如何之处，统希鉴裁！

3

1937年，老舍离家到武汉抗日，一直到1943年的几年时光里，有个叫赵清阁的女子的清丽身影总是出现在老舍身边，也总是出现在老舍身前身后的各种传说里。

1937年，老舍抛妻别子，搭乘由济南开出的最后一列火车去武汉，同年底，赵清阁也从河南来到武汉。1938年3月27日，"中华全国文艺界抗敌协会"在汉口总商会礼堂举行正式成立大会，老舍出席并宣读了大会宣言，赵清阁也出席了大会，他们相识了。

那时，老舍 39 岁，赵清阁 24 岁。赵清阁"穿着京沪一带流行的时髦短装，短头发，态度潇洒，落落大方，健谈"；"有男性的健美，又有女性的温柔"；"赵在国共两党之间能够做到'左右逢源'，而且还能赢得第三者（无党派人士）的青睐，这是不简单的"；会后，老舍被推举为"文协"总务部主任，赵清阁、叶以群、谢守恒等人被聘请为"文协"组织部干事。这样，他们在"文协"的日常工作中便自然有了更多直接的接触和交往。

赵清阁主编《弹花》杂志，老舍的《我们携起手来》在《弹花》创刊号上以"头题"位置发表。老舍为赵清阁的小说、游记及随感集《凤》作《序》：

> 流亡到武汉，我认识了许多位文艺界的朋友，清阁女士是其中的一位。那时候，她正为创刊《弹花》，终日奔忙。她很瘦弱，可是非常的勇敢；独自办一个刊物已非易事，她还自己写稿子；对文艺，她仿佛中了迷似的爱好着，学习着，尝试着！《弹花》并不能给她饭吃，还须去做事挣来三餐。她是勇敢的！这小册子里所收纳的文章都足以证明，她是怎样的为了文艺去吃苦冒险，而永不后悔。……神圣的抗战使每个人知道，并且看重自己的责任，自自然然的也就把严肃、诚恳、勤苦带到生活上来。清阁女士的勇敢与努力正好说明了这一点。

1938 年 7 月 10 日，赵清阁决定与好友杨郁文一起入川，老舍在同春酒馆为赵清阁饯行，老舍对赵清阁"劝勉"了许多恳挚的话："到后方只要不是苟且偷生去，无论是直接间接，只要是帮助抗战的工作，都有价值"。7 月 30 日，老舍也离开了武汉，来到山城重庆，两人重逢。《弹花》境地窘迫，老舍的支持与帮助源源不断。据统计，老舍是友人中为

《弹花》供稿最多的一位，散文、新诗、旧体诗，加在一起前后共10篇。

《弹花》停办之后，赵清阁又受邀主编一套《弹花文艺丛书》。她开列出十位作家的名单，第一位就是老舍。

老舍感觉写剧本不像写小说那样得心应手，而赵清阁"是研究戏剧的，她的剧本中对人物的左转右转都清楚的注明"。若能一起合作，优长互补，或能写出好的剧本来。话剧《王老虎》便是这样"一次集体的试验"，先由萧亦五"想故事"，然后由赵清阁"想结构"，最后由老舍"写词"。试验成功不久，老舍和赵清阁再度联袂，合作创作《桃李春风》。老舍是天赋会写故事的小说家，"善于写对话"，赵清阁则"比较懂得'戏'的表现"，两者相加，可是天作之合。国民政府教育部在戏剧节之际奖励优秀剧本时，《桃李春风》名列前茅，还获得了两万元奖金。同时，《桃李春风》的导演吴永刚及演出剧团也获了奖。成功是空前的。后来，郭沫若为赵清阁作的一帧白描仕女图题诗曰：

<blockquote>
帝子依稀泪却无，女儿偏爱在诗书。
闲来偶傍幽篁坐，一片清新入画图。
果然有笔可生花，桃李春风是一家。
</blockquote>

《张自忠》

借问东皇能醉否？天涯底事泛流露。

《桃李春风》的创作开始不久，1943年6月，赵清阁患了盲肠炎。剧本的第三四幕，是她躺在重庆北碚医院的病床上"草写"的。而刚刚草完了初稿，10月4日，老舍也开始感到腹痛，便首先去找赵清阁，向她请教关于盲肠炎的"经验"。赵清阁劝老舍"顶好去看看医生"，遂陪他一同去医院检查。诊断出来了，果然是盲肠炎，需住院治疗。因赵清阁"和大夫护士都熟悉"，由她陪伴，老舍住进了医院。

没有吃午饭。托青兄给买了一双新布鞋，因为旧的一双的底子已经有很大的窟窿。心里说：穿新鞋子入医院，也许更能振作一些。

下午一时。自己提着布袋，去找赵先生。二时，她送我入院——她和大夫护士们都熟识。

房间很窄，颇像个棺材。可是，我的心中倒很平静，顺口答音的和大家说笑，护士们来给我打针敷消毒药，腰间围了宽布。诸事齐备，我轻轻的走入手术室，穿着新鞋。

接下来是动手术，朋友们在外面看着，老舍表现得颇为勇敢。

我没有怕，我信任西医！况且割盲肠是个小手术。朋友们——老向，萧伯青，萧亦五，清阁，李佩珍……——都在窗外"偷"看呢，我更得扎挣着点！

苦了刘主任与助手们，室内没有电灯。两位先生立在小凳上，打着电棒。夹伤口的先生们，正如打电棒的始终不能休息片刻。整整一个钟头！

一个钟头了，盲肠还未露面！

我的鼻子上来了点怪味。大概是吴医生的声音："数一二三四！"我数了好几个一二三四，声音相当的响亮。末了，口中一噎，就像刮大风在城门洞中喝了一大口风似的我睡过去，生命成了空白。

手术结束后，老向，璧如，伯青，齐致贤，席微膺等人轮流守夜；李佩珍小姐和萧亦五白天亦陪伴，始终有人在病床前照顾着老舍。

赵清阁在写"于一九八二年上元节后四日"的《红楼梦话剧集》"自序"中说："1943年的秋天，我从北碚迁居重庆。当时身体、心情都很坏，是逃避现实又像是在迷雾里找精神出路；总之，我是在百无聊赖中开始了《红楼梦》的研究和改编。"

1945年10月22日，赵清阁好友方令孺汇款来资助赵清阁出川，第二天老舍与傅抱石一起到重庆莲花池看望赵清阁，为赵清阁送行。傅抱石赠"红枫扁舟"册页一帧，老舍当即挥毫在上面写下了一首诗：诗曰：

风雨八年晦，霜江万叶明。

扁舟载酒去，河山无限情。

1946年，赵清阁到了上海，老舍则应美国国务院邀请与曹禺一起到美国讲学，在上海坐船出发。

1947年春日，赵清阁创作了短篇小说《落叶无限愁》。小说写了抗战胜利后，从来严肃又沉郁的邵环教授为追求年轻美貌的灿辞去工作，抛家弃子，并要"想法子逃到遥远遥远的地方，找一个清静的住处，我著书，你作画，与清风为友，与明月作伴，任天塌地陷，我们的爱情永生！"但最后灿还是悄然离他而去，邵环倒在泥泞中，"秋天的落叶"埋葬了这一份"诗一般、梦一般的爱情！"

1989年，华岳出版社出版了赵清阁自编的60年散文随笔结集《浮生若梦》，内收一篇文尾落款写于1981年12月的《〈落叶〉小析》：

"在这篇小说里，我塑造了两个我所熟稔的旧中国知识分子——女主人公画家和男主人公教授。他们曾经同舟共事于抗日战争的风雨乱世，因此建立了患难友谊，并渐渐产生了爱情。但在大敌当前，爱国救亡第一的年月，他们的恋爱只能是含蓄的，隐讳的。

他们仿佛沉湎于空中楼阁，不敢面对现实，因为现实充满了荆棘。直至抗战胜利，和平降临了，画家才首先考虑到无法回避的现实；她知道了对方是有妇之夫而且是有了两个孩子的父亲；他们不可能结合，也不适宜再这样默默地爱下去；于是她毅然决然地远走高飞，逃遁现实；她以为这便结束了他们的诗一般、梦一般的爱情，尽管很痛苦！

教授已届中年，他狂热地追求画家，他明白自己的处境艰厄，妻和孩子像枷锁似的缚住了他。他想解除枷锁，妻向他索取大量赡养费，他拿不出；如果坚持离婚，妻会和她闹到学校，闹到法庭；社会与舆论压力大，旧中国的法律不可能予以合理解决；最后势必闹得自己身败名裂，还要连累画家。那么，难道他就只有守着妻子，放弃画家吗？

不行！他爱画家，他需要一个志同道合、旨趣相投的伴侣。因此，他踌躇再三，终于下了破釜沉舟的决心，将所有的财物留给妻、子，急急匆匆悄悄地跟踪画家而去。

教授和画家又重逢了，他们又陶醉在诗一般、梦一般的爱情中，他们又摆脱了现实的磨难。但是好景不长，不到一个月的光景，教授的妻、子就找上来了。可以设想，由于教授乃知名人士，找到他是很容易的。这一下教授又陷入现实的苦恼里了，他慌忙之中不暇思索，立即买了两张飞机票，打算和画家一同逃避现实，开始他们海阔天空的旅行。"

1990年6月14日，赵清阁给韩秀写信说："我的近六十年的散文集结《浮生若梦》已出版问世，书寄来后我想送你一本，……书中《落叶无限愁》一篇你能看出写的模特吗？"近乎20年后，韩秀为此信写了如下的"谨识"：在这封信末尾，清阁姨要我猜《落叶无限愁》之模特儿。我在7月16日回信中，"一猜就准"，那便是舒先生与清阁本人。她一定开心，我一猜就准。这篇《落叶无限愁》是唯一的文字，真实记叙这一段爱情。

有人披露曾见到过老舍1948年的一封信，老舍在信中说已在马尼拉买好房子，让赵清阁去马尼拉团聚。赵清阁亦在晚年与他人谈起过这封信，她说遵照阳翰笙的指示写信动员老舍回国，老舍曾写信要她去新加坡共同生活，到了国外，就没有什么名分不名分的问题了。她回信不同意，说你回来再说吧。老舍不久便回来了。

1950年老舍回国后定居北京，赵清阁则栖身上海。韩秀说，1959年，上影逼迫赵清阁写一部三面红旗的剧本，不写就要停工资。年幼的韩秀充当了小信使的使命，把赵清阁的上海来信偷偷送给老舍。老舍对胡絜青说韩秀的外婆病了他要去探望，然后，老舍去取了偷偷存起来的八百元钱给韩秀的外婆，请她寄到上海。韩秀说："外婆那天直呼他的名字，并且说，你骗了清阁，让她以为她能够有一个归宿，要不然她早就走了，也不会吃这些苦头。我早就知道，清阁姨是为了舒先生才留在大陆的，否则，就她与林语堂等人的友谊，就她与国民政府的良好关系，她没有任何理由一定要留下。舒先生无语，面容哀戚。那是我所看到的舒先生最无助的一个画面。"

1966年，老舍自尽。赵清阁得到消息后，晨昏一炷香纪念这个受尽委屈的人。每当老舍生辰或忌日，她都要独自加以纪念；每当在报上读到有关老舍的文章，她都备加关注，甚至剪存；她的许多回忆散文，都提到了老舍；她的客厅中悬挂着老舍1960年春写给她的《忆蜀中小景二绝》，书房中书桌上是老舍 1939 年参加北路慰劳团特地从甘肃酒泉带回来送给她的砚台；正对书桌，是老舍 1961 年写给她的祝寿联"清流叠韵微添醉，翠阁花香勤著书"；侧面墙上则是老舍 1944 年写给她的扇面；床头柜上，则是老舍在她生肺结核时送给她的小痰盂。老舍在她的生活中无处不在，但除了个别情况，她绝口不提他和老舍间曾经的故事。

我的手边有一本叶芝的诗集，翻开书页，《当你老了》：
当你老了，头白了，睡思昏沉，
炉火旁打盹，请取下这部诗歌，
慢慢读，回想你过去眼神的柔和，
回想它们过去的浓重的阴影；

多少人爱你年轻欢畅的时候，
爱慕你的美丽、假意或真心，
只有一个人爱你那朝圣者的灵魂，
爱你衰老了的脸上的痛苦的皱纹；

垂下头来，在红光闪耀的炉子旁，
凄然地轻轻诉说那爱情的消逝，
在头顶的山上它缓缓踱着步子，
在一群星星中间隐藏着脸庞。

赵清阁终身未婚，身边也没有亲人，临终之前，把珍藏的"文革"劫后残存的老舍的信件也毁去了。

4

1937年，胡絜青带着三个儿女回到北平侍奉老舍的母亲终老。那段日子是黯淡而艰难的，胡絜青害怕身份暴露被日军捉去做了威胁老舍的人质，反复嘱咐孩子不能告诉别人自己的父亲是"舒庆春"，并给孩子们都改了名字：舒乙改名为"胡小逸"，胡小逸年幼迷糊，有时把小逸写成"小兔"，在点名时闹个大笑话。

1940年胡絜青与孩子在北平
（左起：舒乙、舒雨、胡絜青、舒济）

沦陷区的生活愈发艰苦，粮食是配给制，胡絜青把细粮省下来给老人吃，自己和孩子们对付着粗粮和难以下咽的共和面。

1943年9月初，一个叫吴延寰的国民党高官秘密找到胡絜青，告之去重庆的路线。于是，胡絜青就带着孩子逃出了北平。因为老舍说实在没有经济能力在重庆重新安置一个家，嘱咐他们把能带的行李都带上，胡絜青打包了十件大行李，被褥蚊帐都带上了。一个女书生带着三个孩子十件大行李，辗转五十多天，来到重庆。舒乙先生曾回忆说他那时候是个傻小子，母亲嘱咐他拿好几把雨伞，迷迷糊糊走了一夜，雨伞不知道到哪里去了。老舍因为割盲肠的缘故没法到重庆迎接家小，由朋友富少舫代为接应，休整二十天后，找到一辆大卡车才把诸多行李和一家老小运到了北碚。

胡絜青带来了两幅齐白石的画,《雏鸡图》与《虾蟹图》。《雏鸡图》和舒济同庚,每当张挂这张画的时候,老舍夫妇都不忘说这么一句:"这是生小济那年求来的。"仿佛是为庆祝小济降生而专门求来的一件礼物。画幅相当长,裱好之后矮一点的房子竟挂不下。画的右上角是一只鸡笼,笼的构图立体感很强。笼盖刚刚打开,一群小绒鸡飞奔而出,跳满整个画面。笼内还剩一只,在打蔫,另一只则刚醒过来,张开小翅膀,飞着就出来了,唯恐落了后。在北平时,胡絜青隐名埋姓在师大女附中教书,经朋友介绍认识了齐老人。当时,齐老人的儿子准备上辅仁大学,请胡絜青帮忙复习功课。为了答谢胡絜青,齐老人画了一张虾和一张蟹作为酬礼,是两个斗方,一上一下可以装裱成一幅长轴。

到了北碚后,这张《虾蟹图》和《雏鸡图》同时出现在老舍的斗室里,立刻蓬荜生辉,而且消息不胫而走,传到重庆竟成了"老舍夫人带来了一箱子齐白石""老舍成了富翁"等等。老舍先生倒也不慌不忙,提笔写了一篇小文,题目叫《假如我有一箱子齐白石》,顺便把那些发国难的贪官污吏狠狠地挖苦了一顿,在大后方重庆成了轰动一时的笑谈。

当时千里寻夫的家庭很多。或为生活所迫,或为维持家庭完整,或为家人团聚。

1940年,闻听熊佛西

老舍一家在北碚的合影

移情别恋,朱君允带着三个孩子西行。行前,朱君允为筹划夫君即将到来的四十寿庆,专门去齐白石府上讨了一幅画和两枚龙凤印。画是祝寿图,一对喜鹊站在两鼎岩石上,头微侧,两相望。岩石下一朵大黄菊花,两朵鲜艳的大红菊,颇有阖家团圆的寓意。他们从塘沽登船启程,绕道上海,抵达香港,朱君允就接到了熊佛西的一封来信,表明要坚决离婚。许地山夫妇看了大为震惊,转而劝她:"佛西一时糊涂,等你们团聚了,情况或许会好转。"朱君允抵越南海防,坐小火车转道昆明,搭乘木炭车摇拢重庆……旅途经历的万般艰险,5月29日抵达成都,依然遭遇团圆的梦幻化为水月镜花的重击。

抗日战乱中家庭离散的悲剧和萍水相逢的"抗战夫人",举不胜举。对于父母的恩怨情仇,女儿熊性淑曾写道:"我们子女不是父母婚姻的审判官,无法断定孰是孰非。我现在只觉得战乱是父母婚姻悲剧的罪魁祸首。"人们多把同情给予被遗弃的弱者,对移情别恋者总射以道德之箭。可是仅仅对个人责任的追究,能够替代对社会和历史的审问吗?

与朱君允相比,胡絜青是幸运的,她与三个孩子在重庆停留了二十天后,他们与老舍在北碚团聚了。北碚山清水秀,老舍在听完胡絜青痛

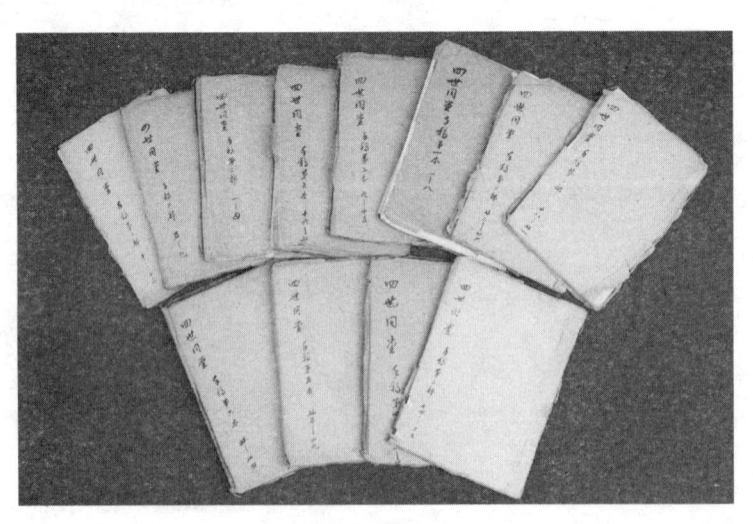

老舍作品《四世同堂》手稿

诉沦陷区人民种种痛苦遭遇后，忍着割盲肠后的痛苦，开始创作百余万字的《四世同堂》。

老舍熟悉北京下层市民的一切生活，他深切地热爱着北京：

我所爱的北平不是枝枝节节的一些什么，而是整个儿与我的心灵相粘合的一段历史，一大块地方，多少风景名胜，从雨后什刹海的蜻蜓一直到我梦里的玉泉山的塔影，都积凑到一块，每一小的事件中有个我，我的每一思念中有个北平，这只有说不出而已。

所以，当胡絜青叙述着沦陷区里的往事的时候，他的老邻居们、老朋友们的生活自然而然的浮现在了他脑海里。就在护国寺附近的一处胡同里面，以祁家四代为中心，再加上胡同里另外几户人家，主要人物不过几十位，在这样一个小小的舞台上演出了沦陷区人们的悲欢离合。形形色色，各个阶层、各色人等的荣辱浮沉、生死存亡，记叙了北平沦陷后的畸形世态中，日寇铁蹄下广大平民的悲惨遭遇，那一派古老、宁静生活被打破后的不安、惶惑与震撼。老舍擅于用小人物们的故事记录下整个民族的脉动，老舍的作品全都是关于平民百姓的，而反映的又全都是整个社会整个民族。

生在某一种文化中的人，未必知道那个文化是什么，像水中的鱼似的，他不能跳出水外去看清楚那是什么水。假若他自己不能完全客观的去了解自己的文化，那能够客观的来观察的旁人，又因为生活在这种文化以外，就极难咂摸到它的滋味，而往往因一点胭脂，断定他美，或几个麻斑而断定他丑。不幸，假若这个观察者是要急于搜集一些资料，以便证明他心中的一点成见，他也许就只找有麻子的看，而对擦胭脂的闭上眼。

1945年，女儿舒立出世。

我找到叶芝另一首诗，《随时间而来的真理》：

虽然枝条很多，根却只有一条；

穿过我青春的所有说谎的日子，我在阳光下抖掉我的枝叶和花朵；

现在我可以枯萎而进入真理。童话里，王子和公主从此过着幸福的生活，然后就没有了然后。

现实中，平民红男绿女过着凡俗的生活，琐碎、温馨，生儿育女，血脉绵延不尽。

5

在与赵清阁的交往历程中，老舍是知己，是恋人。

在与胡絜青的婚姻中，老舍是丈夫，是四个孩子的父亲，是这个家庭的所有朋友的忠实友人，是众所周知的作家。

老舍愿意做好所有角色份内的责任，老舍是认真的人，所以他拿起了就不会随意放弃。他只能把所有的责任背负起来，在不得不选择的时候，他非得找出一个更重大的理由来不可。

无论是民国时代还是建国以后，中国的传统文化与建国后的连续不断的政治运动和思想改造使人们的认识拘束于个人情感只是小事、私事，而作为名人的形象却是关乎国家的大事、公事，作为丈夫、父亲的形象是关乎家庭妻儿的大事这样的观念里。

老舍写过很多和爱情、家庭相关的小说，在思考男性婚姻问题时，老舍在理性层面上，往往从男性中心的家庭观念出发认可无知无识的传统女性；但在深层爱情体验层面上，老舍又深切领会男性在传统婚姻中的无爱的痛苦，抒写男性渴望得到女性精神共鸣的心灵需求。老舍是左右为难的。

但是，老舍是认真的，所以，他不能轻易地放弃了家庭也不能轻易地忘记了爱情。

赵清阁也是认真的，所以，她宁可分离也不愿意苟合。

胡絜青亦是认真的，所以，她要维护那个曾经幸福的家庭，给孩子温暖的家。

多年之后，老舍还是那条河，他记得那条小红鱼游过时候的欢欣。多年之后，又有鱼儿游过他的心里，让他重新欣喜。

胡絜青是河边的青草，坚韧，苍翠。青草和河并肩存在，她的根系护住河堤，她的碧绿来自河里的水气。她不是鱼，她是青草，过去，现在，未来，都是。

王富仁曾说："他希望自由，不愿把人裹在重重礼仪的外表之中，但他不愿加害于人，也不愿意别人加害自己。他是自抑的，宁愿委屈自己，也不愿伤害别人，因而他处处考虑对方的心理，以对方所乐意的方式对人。这种自抑性格使他把委屈留在自己的心里，永远有一种忍辱负重的感觉。没有这种性格，一个像老舍这样穷苦人家的孩子，无法在中国的社会中生存，更无法得到周围人的同情和帮助。"

对老舍而言：

他的心属于他自己。

他的人属于家庭，属于国家。

金色的麦田

在没有小孩的时候,一个人的世界还是未曾发现美洲的时候的。小孩是科仑布,把人带到新大陆去。这个新大陆并不很远,就在熟习的街道上和家里。你看,街市上给我预备的,在没有小孩的时候,似乎只有理发馆,饭铺,书店,邮政局等。我想不出婴儿医院,糖食店,玩具铺等等的意义。连药房里的许许多多婴儿用的药和粉,报纸上婴儿自己药片的广告,百货店里的小袜子小鞋,都显着多此一举,劳而无功。及至小天使自天飞降,我的眼睛似乎戴上了一双放大镜,街市依然那样,跟我有关系的东西可是不知增加了多少倍!

1

济南介乎北平与青岛之间,富丽堂皇方面远不及北平,山海之胜也比不上青岛。虽是个都市,可是还能看到朴素的乡民一群群的来此卖货

老舍在济南南新街的故居

或买东西，城墙并不足拦阻住城与乡的交往，这个城市的人们散发着平淡而可爱的滋味。

老舍夫妇在济南找了处房子住了下来。房子在南新街58号，当时门牌为54号。当年齐鲁大学校友门，正对圩子墙新建门，出校友门进新建门，走下来即为南新街。当年结婚成家的齐大教职员，很多人都在南新街上住。南新街由北往南分为三条胡同，老舍所住为中间胡同，西胡同北头至今仍存两座洋楼。西边一座大的为齐大第一任校长英国人布鲁斯的故居。东边一座小的为齐大抗战前医学院院长江镜如的故居。

这是个小小的三合院，没有门楼，院落保留有传统的二门形制，正房三间，东西厢房三间，毛石基础，粉墙，屋脊上盖着金黄的麦草，简朴干净。由于没有南屋，前院比较宽敞，后院也比较疏朗，跟北京的四合院有很多相似的地方。在西厢的南窗前面，有一口水井，井圈为鼓形，井内泉水清凉甘甜。老舍在院子里种了很多花草，一个大水缸放养了金鱼荷莲，两盆白莲，盆是由北平搜寻来的，泥是由黄河拉来的，水用趵突泉的。整个小院显得安静而生气勃勃。

房东太太特别热情，得知先生叫"老舍"，便拉着胡絜青的手亲热地称呼她"老太太"。胡絜青纳了闷，年纪轻轻的怎么就成"老太太"

了？房东太太说，您先生姓"老"，您可不就是老太太么？胡絜青解释说，"老舍"是笔名，先生本名为"舒庆春"，房东太太才恍然大悟，赶紧改口称呼"舒太太"。

老舍在大学教书，胡絜青在中学教书。婚后的生活与单身时候是截然不同的体验，在许多小事情明快了许多，什么缝缝钮扣，补补袜子呀，现在已经都无须老舍自己动手了。可是也有一些小事情上麻烦了许多，买针买线，还得他跑腿，而且若买回大针粗线，太太无论如何也不将就！于是，为一点针线，他得跑好几趟。不管是明快还是麻烦，两个人却从不红脸。日子从容而和睦。

设若你的幻想中有个中古的老城，有睡着了的大城楼，有狭窄的古石路，有宽厚的石城墙，环城流着一道清溪，倒映着山影，岸上蹲着红袍绿裤的小妞儿。你的幻想中要是这么个境界，那便是个济南。请你在秋天来。那城，那河，那古路，那山影，是终年给你预备着的。可是加上济南的秋色，济南由古朴的画境转入静美的诗境中了。这个诗意秋光秋色是济南独有的。上帝把夏天的艺术赐给瑞士，把春天的赐给西湖，秋和冬的全赐给了济南。

古老的济南，城里那么狭窄，城外又那么宽敞，山坡上卧着些小村庄，小村庄的房顶上卧着点雪，对，这是张小水墨画，也许是唐代的名手画的吧。

哪儿的水能比济南？有泉——到处是泉——有河，有湖，这是由形式上分。不管是泉是河是湖，全是那么清，全是那么甜，哎呀，济南是'自然'的 Sweet heart 吧？

那是一段多么自由、温馨、安定而难忘的美好时光啊，令老舍写出这般美文。

有了这理性而温馨的家庭，老舍的心也结束了漂泊的状态。他书写着《微神》，抚摸往事的甜蜜与痛楚，刘家姑娘在他心中有永恒的烙印，但是他可以回首面对那段往事了，而不仅仅是幼稚脆弱的逃避了。

至于世间闹玩儿似的浅薄的爱情游戏，老舍更是有了剖析这种游戏的基础与心理优势。

子敬和天一都以玉春为爱人，这伟大的美丽的爱情。

写信的时候都称她为"我的粉红翅的安琪儿"。可是她——玉春——高兴的时候才给他们一个"哼"。

子敬和天一决定用礼物换取玉春的爱情，顺便打败那个叫小李的情敌。

子敬先到，献上一束带露水的紫玫瑰。

她给他一个小指叫他挨了一挨，可是没哼。他的脸比小李的多着二两雪花膏。

天一次到，献上一筐包纸印洋字的英国罐形梨。

她给他一个小指叫他挨了一挨，可是没哼。他的头发比小李的亮得多着二十烛光。

子敬住进医院，希望玉春来看他。玉春没有来，子敬很欢喜，因为他的心已经寄放在了护士那里。天一来看望子敬，也喜欢上了美丽的护士。他们决定把玉春打入冷宫。

"她的鼻子也不美！"天一也觉出她的缺点。

"就会哼人，好像长鼻子不为吸气，只为哼气的！"

"那还不提，鼻子上还有一排黑雀斑呢！就仗着粉厚，不然的话，那只鼻子还不象个斑竹短烟嘴？"

"扇风耳朵！"

"故意的用头发盖住，假装不扇风！"

"上嘴唇多么厚!"

"下嘴唇也不薄,两片夹馅的鸡蛋糕,白叫我吻也不干!"

"高领子专为掩盖着一脖子泥!"

"小短手就会接人家的礼物!"

粉红翅的安琪儿变成一个小钱不值。

老舍用轻松的幽默嘲弄着新潮年轻人的心血来潮式的爱情,他肯定个性解放,可是不盲目地把所有事物放逐于自由之中,他不习惯行为方式太过西方化、欲望化,他力图保持中国传统文化的静美、和谐。

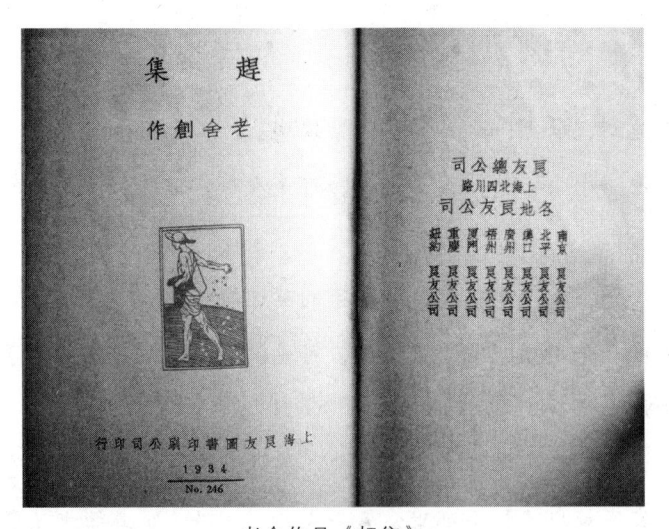

老舍作品《赶集》

《离婚》中的老李对马少奶奶有着诗意的追求,但是与马少奶奶相会的时候,不敢多说话,不敢浪漫,只是用目光、眼神、心灵去领悟诗意的妙境。

老李心中的红衣人影已有了固定的轮廓,姓黄,很美,弃妇,可怜虫!爱是个最热,同时又最冷的东西!设若老李跟——谁?不管谁吧,一同逃走,妻、子、女,将要陷入什么样的苦境?不敢想!张大哥对了,俗气凡庸,可是能用常识杀死浪漫,和把几条被浪漫毒火烧着的生命救回。从另一方面说,常识杀死了浪漫,也杀死了理想与革命!老李又来到死胡同里,进是无路,退又不得劲。

老舍的心中对爱情、婚姻有了个理想的勾画,就像他和胡絜青的情路生活,从不让情感放任、奔突,而是用理性创造一种静美、典雅的形态。

老舍作品《离婚》

2

1933年,老舍的第一个孩子出世了。因为出生在济南,于是起名"舒济"。

有了小济之后,老舍发现身边的世界骤然扩大了。原来小孩子并不是一生下来就戴着小帽,穿着小袄,在熟悉的街道上,除却理发馆,饭铺,书店,邮政局等,婴儿医院,糖食店,玩具铺等等都有了绝顶的意义。百货店里买小衣帽、小家具,婴儿医院里有医生,挺神气地开字迹像神符的药方,药房里那些小瓶子小罐都有作用,不但要买瓶子里的白汁黄面和各色的药饼,还得买瓶子罐子,轧粉的钵,量奶的漏斗,玩意多多。有了小济之后,全街上的铺子,除了金店与古玩铺,都有了老舍的足迹,连当铺也走得怪熟。铺中人也渐渐熟识了,甚至可以随便闲谈，以小孩为中心，谈得颇有味儿。有的铺子，竟自敢允许老舍欠账，仿佛一有了小济，老舍的人格也好了些，能被人信任。

有了小济之后，老舍才知道半夜里也可以去药铺买药，药铺的门上原来有个小口。西药房里敢情也打价钱，不等他开口，老舍就提出："还是四毛五？"这个"还是"使他省五分钱，而且落个行家。找老妈子有作坊，当票儿到期还可以入利延期，也都被老舍一一学会。自从有了小济，老舍所得的经验至少比一张大学文凭所能给的多着许多。小济身上穿戴着全世界的工商业所能供给的，给全家人以一切啼笑爱怨的经验，简直是位小活神仙！

转过年来，全家在南新街寓所中照了一张相片，并题诗一首，名曰："全家福"。

> 爸笑妈随女扯书，
> 一家三口乐安居；
> 济南山水充名士，
> 篮里猫球盆里鱼。

老舍在济南

打油诗的语调是那样欢快，充满了温馨和惬意。老舍戏言"济南山水充名士"，是因为老舍是上海《论语》半月刊的长期撰稿人之一，并被封为"论语八仙"之"铁拐李"。他的大部分文章，都发表在林语堂所创办的《论语》《人间世》《宇宙风》三份杂志上。平时既要教书又要写作，还要应付四面八方各团体的演讲邀请与小报花边新闻记者的突然袭击，自然是"名士"了。所

老舍作品《猫城记》

谓"篮里猫球"是指当时还养了一只小胖猫为之取名"猫球"。猫球是只小母猫，十分活波调皮可爱。也许，《猫城记》就是由这只可爱的"喵星人"激发出来的灵感。

1935年，儿子出世了。说到起名字，老舍给第一个孩子起名"济"，虽然有纪念意义，可是当时没有汉字简化，"濟"字笔画确实不少确实难写，招来了不少声讨，说是笔画太多难为孩子。更有人笑语舒济上学后考试的时候，别人做完一道题了，她才刚刚写完名字。及至儿子出生，老舍索性为老二起名"舒乙"，即说明了孩子的排序，"甲乙丙丁"之第二个，又分外好写，只有一笔画，看谁有本事能找出比这更简单的字来。此后，老舍起名字就有了经验，1937年8月，老三出生。"当年大旱，饮水每断，忽得大雨，即以'雨'名女。"当时，刚发生"七七事变"，日军全面侵华，国难临头，形势大乱，老舍拟以"乱"名女，但是胡絜青极力反对。1945年，老四出生，生日接近立春，但是老舍

名"庆春",老四便用了"立"字。总之,一概有纪念意义。

小济三岁了,专会等老舍不在屋里的时候在老舍的稿子上画圈拉杠,且美其名曰"小济会写字"!老舍准备专心写作的时候,小济会拉拉老舍的肘,低声说:"上公园看猴?"若是午后没睡觉,到了下午四点钟的时候,就得困闹,连公园的猴都变成了臭的,而且猴之所以臭,也应当由老舍负责。小乙一岁整,专等老舍拿起笔来要写字的时候表演亲亲,闭眼,张口展览上下四个小牙,还"指"令老舍也得表演这几招。有什么办法呢?小乙也有困而不睡的时候,大概多数是与小济同时发难,两位小醉鬼一齐找毛病,偏偏会来一两封快信——催稿子!老舍也只好闹脾气了,不大一会儿,把太太也闹急了,一家大小四口,都成了醉鬼,其热闹至为惊人。大人声言离婚,小孩怎说怎不是,于离婚的争辩中瞎打混。一直到七点后,二位小天使已困得动不得,离婚的宣言才无形地撤销。

不过,这一点也不妨碍家庭中爱的发展,人生的巧妙似乎就在这里。老舍不仅看到了孩子的可爱,还体验出母性的伟大,觉得打老婆的人们满该下狱。

有了孩子,老舍的写作视角也有了调整。《牛天赐传》以老舍特有的幽默风格描写了一个孩子的成长过程。按老舍先生的话说,书胆是一个叫"牛天赐"的小孩儿,写小孩儿是明,实则描写了围绕着这个小孩周围的大人们,还有那由这些大人

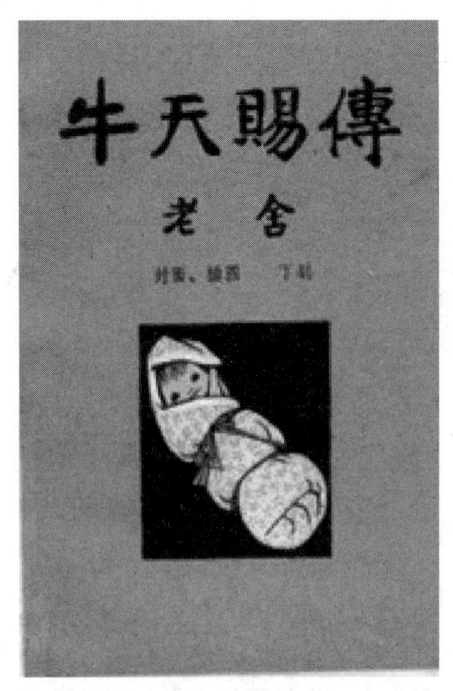

老舍作品《牛天赐传》

组成的社会。

中秋节前来了个老道，不要米，不要钱，只问有小孩没有？看见了小乙，老道高了兴，说十四那天早晨须给小乙左腕上系一根红线，备清水一碗，烧高香三炷，必能消灾除难。右邻家的老太太也出来看，老道问她有小孩没有，她惨淡地摇了摇头。到了十四那天，倒是这位老太太的提醒，小乙的左腕上才拴了一圈红线。小孩子征服了老道与邻家老太太。一看胖手腕的红线，老舍觉得比写完一本伟大的作品还骄傲，于是上街买了两尊兔子王，感到老道，红线，兔子王，都有绝大的意义！

3

老舍是一个对自己严格要求对别人却非常宽容的人，尤其爱孩子。抗战第一年的深秋，老舍带了五十块钱，由济南跑到汉口。四年后，老舍不断地回想起离家的情景：

妻是深明大义的。平日，她的胆子并不大。可是，当我要走的那天，铺子关上了门，飞机整天在飞鸣，人心恐慌到极度，她却把泪落在肚中，沉静的给我打点行李。她晓得必须放我走，所以不便再说什么。四年没听见她的语声了，沉着的静，将永远使我坚强！

儿女都小，不懂别离之苦。小乙帮助妈妈给爸爸拾收东西，而适足以妨碍妈妈。我叱了他一声，他撇了撇嘴，没敢哭出来。至今，我觉得对不起小乙；现在他大概已经学会写几个字了吧？

四年了，每一空闲下来，必然的想起离济南时妻的沉静，与小乙的被叱要哭；想到，泪也就来到。

在抗战期间，老舍把个人的难过都忍在心中，总设法教自己忙碌，没有空闲，也就没有了闲愁。老舍见过多少烽火硝烟、生离死别，经历了多少出生入死的危险，他从未退缩。可是，老舍想起来对儿子小乙的斥责就忍不住要落泪。老舍的内心是多么柔软，他不能让自己去伤害那单纯的可爱的小生命。

老舍在重庆时曾写信给胡絜青谈到对孩子的希望：

接到信，甚慰！济与乙都去上学，好极！唯儿女聪明不齐，不可勉强，致有损身心。我想，他们能粗识几个字，会点加减法，知道一点历史，便已够了。只要身体强壮，将来能学一份手艺，即可谋生，不必非入大学不可。假若看到我的女儿会跳舞演讲，有作明星的希望，我的男孩能体健如牛，吃得苦，受得累，我必非常欢喜！我愿自己的儿女能以血汗挣饭吃，一个诚实的车夫或工人一定强于一个贪官污吏，你说是不是？教他们多游戏，不要紧逼他们读书习字；书呆子无机会腾达，有机会做官，则必贪污误国，甚为可怕！

至于小雨，更宜多玩耍，不可教她识字；她才刚四岁呀！每见摩登夫妇，教三四岁小孩识字号，客来则表演一番，是以儿童为玩物，而忘了儿童的身心教育甚慢，不可助长也。

我近来身体稍强，食眠都好，唯仍未敢放胆写作，怕再患头晕也。给我看病的是一位熟大夫，医道高，负责任，他不收我的诊费，而且照原价卖给我药品，真可感激！前几天，他给我检查身体，说：已无大病，只是亏弱，需再打一两打补血针。现已开始。病中，才知道身体的重要。没有它，即使是圣人也一筹莫展！

春来了，我的阴暗的卧室已有阳光，桌上边有一枝桃花插在曲酒瓶中。

祝你健康！代我吻吻儿女们！

隔着千山万水，老舍让胡絜青代自己吻吻小儿女，这是多么绵长的思念。短短的不到500字的信中，老舍说出了很多耐人寻味的道理。

老舍倾心于卢梭的哲学思想的"归于自然"。"自然的状态"在教育上侧重指人性中的原始倾向和天生的能力，善良的人性存在于纯洁的自然状态之中，罪恶往往是由于所谓文明特别是城市文明对自然人性的扭曲造成的。因此，在卢梭看来，只有"归于自然"，才有利于保持人的善良天性。卢梭的自然人性观念和后来的浪漫主义文学思潮的兴起有深刻的关联，而浪漫主义文学的一个重要特点与核心内容就是自然崇拜，所以，在浪漫主义文学里，对自然景物的书写具有独立而重要的美学意义。尽管老舍并没有在文学中表现出明显的浪漫主义气质，但他内心深处却有一片浪漫的金色麦田。

纪伯伦说：
你们的孩子并不是你们的孩子。
他们是生命对自身的渴求的儿女。
他们借你们而来，却不是因你们而来，
尽管他们在你们的身边，却并不属于你们。
你们可以把你们的爱给予他们，却不能给予思想，
因为他们有自己的思想。

老舍主张维护儿童天真活泼的天性，不可强求，更不可处处约束。老舍说他最害怕看见"小大人"和"少年老成"，一看见小孩一举一动全像大人，便想落泪。老舍尊重孩子的人格，"不以儿童为玩物"，对于让孩子在客人面前表演那一套，他十分不赞成。老舍崇尚自然，他认为花儿、植物都受到尊重，要以一种虔诚的态度对待它们。他十分喜欢懂得许多大自然奥妙的乡下孩子，经常鼓励孩子们亲近自然。老舍推崇孩子的创造性，鼓励孩子多游戏，反对孩子变成书呆子。

舒济儿时要做游戏，老舍就耐心地跟她做游戏，小济要牛，老舍

就会装牛，小济要马，老舍就会扮马。1949年，老舍从纽约给仍住在重庆北碚的家人寄来了一些衣服，给舒济的是绿方格的连衣裙，漂亮大方，照亮了舒济的如花年华。

舒乙开窍晚，五年级前一直处于最后一名的成绩，老舍先生从来不会加以评价。舒乙幼年受到母亲的影响爱画画，老舍特别支持。每当家里有客人来，他都会对舒乙说："小乙，把你的画拿出来给大家看看吧。"他既给舒乙表现的机会，又鼓励舒乙发展正当的特长和兴趣。舒乙喜欢去家附近的小山坡上煞有介事地做出认真写生的样子。这时候，老舍只要有空，就会兴致勃勃地踱过来，同舒乙一起坐在草地上，拿过铅笔左描右画说："来，爸爸教你怎么画……"老舍的这种尊重与赞扬，让舒乙忘记了成绩不好带来的窘迫与自卑，五年级后，舒乙突然开窍，成绩突飞猛进。

舒雨上中学时，学校里组织篮球队，多印了一件背心，当时舒雨经济条件比较好，就买了回来。星期六带回家时，老舍看到了这件背心，他拿出一副皮手套还有其他两样东西跟舒雨交换，老舍就是这样把孩子当朋友，从不以家长自居。舒雨在哈尔滨外语学院学俄语时，有一门功课得了4分，老舍知道了后说："考及格就行。"

舒立有次珠算考试得了40分哭鼻子，老舍安慰她说："我小时候比你还差，连40分都考不到。"舒立听后破涕为笑，其实老舍算术很棒，但是舒立当时小，信以为真了。舒立问老舍先生自己考不上大学怎么办，老舍先生回答说："考不上大学，你就在家待着，我教你英语。"

老舍鼓励孩子顺其天性发展，但又非常注重对孩子品质的培养，绝不宽容无度。北碚多雨，在当地，遮雨水的工具是斗笠和蓑衣。舒乙、舒雨两兄妹嫌斗笠太大太沉太难看，不愿意戴着它去上学。老舍认为小小年纪不应该有这样的虚荣思想，于是，他把两个孩子拉过来，往每人脑袋上扣一个斗笠，然后把他们拉到门口，在每人的屁股上拍一巴掌，

老舍一家在丹柿小院的合影

大喝一声："走呵！"一把把孩子推入雨中。

老舍就像个麦田里的守望者，看着孩子们在一大块麦田里做游戏，他的职责是在那儿守望。要是有个孩子往悬崖边奔来，他就捉住这个孩子，把孩子重新送回金色的散发着麦花香味的麦田里去。

老舍的这种教育方式令儿女们自由地快乐地成长。儿女们各自选择自己喜欢的专业。

我的文艺知识不很丰富，可是几十年来总以写作为业，按说对儿女们应该有些影响。事实并不如此。他们都不学文艺，虽然他们也爱看小说、话剧、电影什么的。他们，连他们带来的男女朋友，都学科学。我家最小的那个梳两条小辫的娃娃，刚考入大学，又是学物理！这群小科学家们凑到一处，连说笑似乎都带点什么科学味道，我听不懂。

老舍默默地观察着孩子，看着哥哥帮助妹妹算数学上的难题，或几个人都默默地思索着一个什么科学上的道理。老舍从不让孩子以自己的意志喜好来作为人生的目标，相反，老舍竭力去理解孩子们的世界。

在这种时候，我看得出来，他们的深思苦虑和诗人的呕尽心血并没有什么不同。我可也看到，当诗人实在找不到最好的字的时候，他也只好暂且将就用个次好的字，而小科学家们可不能这么办，他们必须找到那个最正确的答案，差一点点也不行。当他们得到了答案的时候，他们便高兴得又跳又唱，觉得已拿到打开宇宙秘密的一把小钥匙。

我看到了一种新的精神。是，从他们决定投考哪个学校，要选修哪门科学的时候起，我就不断地听到"尖端"、"发明"和"革新"等等悦耳的字眼儿。因此，我没有参加意见，更不肯阻拦他们。他们是那么热烈地讨论着，那么努力预备考试，我还有什么可说的呢！我看出来，是那个新精神支配着他们，鼓舞着他们，我无权阻拦他们。

于是，老舍的星期日的寂寞便是可喜的了。在老舍心里，他是孩子们的土壤，孩子是泥土里出产的果实，泥土爱恋着每一个果实，并不因为它们漂亮或者干瘪而喜欢哪一个或者嫌弃哪一个。

4

暑假还未曾完。除了太阳要落的时候，校园里不见一个人影。那几条白石凳，上面有枫树给张着伞，便成了老舍的临时书房。

手里拿着本书，并不见得念；念地上的树影，比读书还有趣。我看着：细碎的绿影，夹着些小黄圈，不定都是圆的，叶儿稀的地方，光也有时候透出七棱八角的一小块。小黑驴似的蚂蚁，单喜欢在这些光圈上慌手忙脚的来往过。那边的白石凳上，也印着细碎的绿影，还落着个小蓝蝴蝶，抿着翅儿，好像要睡。一点风儿，把绿影儿吹醉，散乱起来；小蓝蝶醒了懒懒的飞，似乎是作着梦飞呢；飞了不远，落下了，抱住黄蜀菊的蕊儿。看着，老大半天，小蝶儿又飞了，来了个楞头磕脑的马蜂。

老舍在独处的时候，释放出如此细腻而快乐的感受。是不是每个成家的男人的心底里还有另外一个截然不同的自己，渴望做一个逃家的男人？

不过，老舍自从做了父亲，便成了家庭这个花园的永远的园丁。他精心呵护着花园里的每一颗果实。他辛劳，他骄傲，他是个非常称职的园丁。不管他是否在孩子身边，他从未放弃自己的守护责任。

祥子，跑吧

两三个星期的工夫，他把腿溜出来了。他晓得自己的跑法很好看。跑法是车夫的能力与资格的证据。那撇着脚，像一对蒲扇在地上扇乎的，无疑的是刚由乡间上来的新手。那头低得很深，双脚蹭地，跑和走的速度差不多，而颇有跑的表示的，是那些五十岁以上的老者们。那经验十足而没什么力气的却另有一种方法：胸向内含，度数很深；腿抬得很高；一走一探头；这样，他们就带出跑得很用力的样子，而在事实上一点也不比别人快；他们仗着"作派"去维持自己的尊严。祥子当然决不采取这几种姿态。他的腿长步大，腰里非常的稳，跑起来没有多少响声，步步都有些伸缩，车把不动，使座儿觉到安全，舒服。说站住，不论在跑得多么快的时候，大脚在地上轻蹭两蹭，就站住了；他的力气似乎能达到车的各部分。脊背微俯，双手松松拢住车把，他活动，利落，准确；看不出急促而跑得很快，快而没有危险。就是在拉包车的里面，这也得算很名贵的。

1

黄县路是一条老街，石板路面两侧，是一栋栋带着独立小院的老楼，也有临街小店，清静自得。太阳的痕迹落在长长的弯弯的石板路上，光影迷人。老舍在青岛的时候即居住在这里。

那是上个世纪30年代的一个温暖而慵懒的春日，一位朋友来跟老舍闲谈。青岛的春天来的比较晚，一旦来临却是天蓝海绿，花香四溢。樱花开后，海棠、丁香、桃、梨、苹果、藤萝、杜鹃都争着开放，墙角路边也有了嫩绿的叶儿；小蝴蝶花与桂竹香们都在绿草地上用它们的娇艳的颜色结成十字，或绣成儿团；短短的绿树篱上开着一层白花，似绿枝上挂了一层春雪；矮矮的围墙上藤萝把花穗儿悬在院外，散出一街的香气：山上有了绿色，嫩绿，谷中不但填满了绿色，而且颇有些野花，有一种似紫荆而色儿略略发蓝的，老舍折来一支插在花瓶里。

朋友坐在花瓶旁边，说起北平往事，像一帧帧发黄的照片铺开来，北平的气味，北平的颜色，北平的声音。他提起了一件有趣的事儿，他在北平的时候用过一个车夫，那是个有心气的车夫，勤勤俭俭攒钱买了一辆车，却因为遭了其他

老舍在青岛

事不得已卖掉，如此三起三落，到末了还是受穷。朋友又说，也有好运气的车夫，有一个车夫被军队抓了去，哪知道，转祸为福，他乘着军队移动之际，偷偷地牵回三匹骆驼回来。

　　这两个车夫都姓什么？哪里的人？老舍都没再问。朋友走后，车夫和骆驼的影子却印进了老舍的心里。

　　北平高高的、厚厚的城墙把城市与其他地方隔离开来，清晨，城门开启，随着悦耳的驼铃声，街道上一队队负重的骆驼不紧不慢地穿行。拉骆驼的把几头骆驼用较细皮绳穿通骆驼的鼻孔，形成一串，称为"一把儿"。城里人要建房、修房，驼户就拉骆驼往城里送砖、送石灰、送木材；城里人要做饭、取暖，驼户就拉骆驼把西山出产的煤、炭、柴草等运到家门口；城里人日常生活中需要的"山货"等，也是驼户拉骆驼按商家的要求运到指定的场所；远郊或山里的果农，在秋季收获的季节，采摘下来的水果需要骆驼运往城里市场或果子市销售。驼户和买主谈着价钱，骆驼在一旁咀嚼着草料，那样丑的脸，那样长的牙，那样安静的态度。它们咀嚼的时候，上牙和下牙交错地后来磨去，大鼻孔里冒着热气，白沫子沾满在胡须上。太阳升起来了，街道上的人流稠密起来。随着清脆的铃声，一辆辆洋车在人群里灵活地穿过，仿佛水中的鱼儿一样机巧。洋车弓子软，铜活地道，雨布大帘，双灯，细脖大铜喇叭，车夫脊背微俯，双手松松拢住车把，他活动，利落，准确；看不出急促而跑得很快，快而没有危险。渐渐的，骆驼大鼻孔里冒出的白气和车夫头上汗腾腾的热气混在了一起。

　　这颇可以写一篇小说呢。老舍对自己说，在北平，有很多各种各样的车夫，老舍童年居住的小杨家胡同里就住着好几个车夫。旗人没落后，不少下层旗人因为没有积蓄没有技能也去当了车夫。老舍闭上眼睛，想起北平的带着尘土气息的街道与熙熙攘攘的人群。老舍盘算着怎样把那一点简单的故事扩大，成为一篇十多万字的小说。

他叫祥子，生长在乡间，十八岁吧，年轻、单纯。头不很大，圆眼，肉鼻子，两条眉很短很粗，头上永远剃得发亮，腮上没有多余的肉，脸上永远红扑扑的，颧骨与右耳之间一块不小的疤——小时候在树下睡觉，被驴啃了一口。他的脸和他的身体都那么结实硬棒，城里以后，他还能头朝下，倒着立半天。这样立着，他觉得，他就很像一棵树。他没读过书，也学过什么专门的技能，只能做苦工。他选择了拉车作为养活自己的事儿，作别的苦工，收入是有限的；拉车多着一些变化与机会，不知道在什么时候与地点就会遇到一些多于所希望的报酬。一开始，跑了两天就躺了两天，脚脖子肿得像两条瓠子似的。他忍受着，他知道这是拉车必须经过的一关。过了这一关，他就能放胆地去跑了。

他有个伟大的计划，省吃俭用的一年二年或者是三四年，他自己打上一辆车。有了自己的车，他就可以不必天天为"车份儿"着急，拉多少钱全是自己的。然后，他就又可以买辆车，一辆，两辆……他也可以开车厂子了！

倘使愿望都可以成真，这个世界上该有多少幸福的车夫啊。老舍摇着头自嘲地笑了笑。这些年来，老舍见惯了平民的辛酸与无奈，也常见善良人的沉醉与堕落。军阀、官僚、特务、地痞流氓，随便一个有点权势的人，就能把祥子们像捏臭虫一样捏死。祥子没有帮手，臭虫的生命是卑微的，顾吃顾喝就不错了，他们没有时间去想其他想法。祥子以坚韧的性格和执拗的态度与生活展开搏斗，而搏斗的结局，他一败涂地。他要强有什么用呢？就这么大咧咧地瞎混吧。可是，挣扎着，祥子想起了小福子，那个善良的、憨厚的姑娘，她笑起来的样子真让人觉得温暖啊。他要去找她，即使她被卖到了最下等的妓院白房子里，他也要她。可是，祥子来晚了，小福子早已吊死在树林里。灰色的树林，灰色的土地，灰色的房屋，静静地立在灰黄色的天下，连只鸟都没有，只剩下些没有用的眼泪。

老舍的耳边响起了凄厉的哭声，白色的麻衣，白色的幡条，人们慢慢地梦游一样地走着，一团团白色纸钱沿路抛撒。祥子，也走在其中。他没了希望，他不再拉车，他染了脏病，他在躯体的腐烂中度日。北平的红白事情在大体上还保存着旧有的仪式与气派。出殡用的松鹤松狮，纸扎的人物轿马，娶亲用的全份执事，与二十四个响器，依旧在街市上显出官派大样，使人想到那太平年代的繁华与气度。祥子的生活多半仗着这种残存的仪式与规矩。有结婚的，他替人家打着旗伞；有出殡的，他替人家举着花圈挽联；他不喜，也不哭，他只为那十几个铜子，陪着人家游街。脏病使他迈不开步，正好举着面旗，或两条挽联，他低着头，弯着背，口中叼着个由路上拾来的烟卷头儿，有气无力地慢慢地蹭。大家立定，他也许还走；大家已走，他也许多站一会儿。他走他的，低着头像做着个梦，偶尔朦胧地向四外看一下。

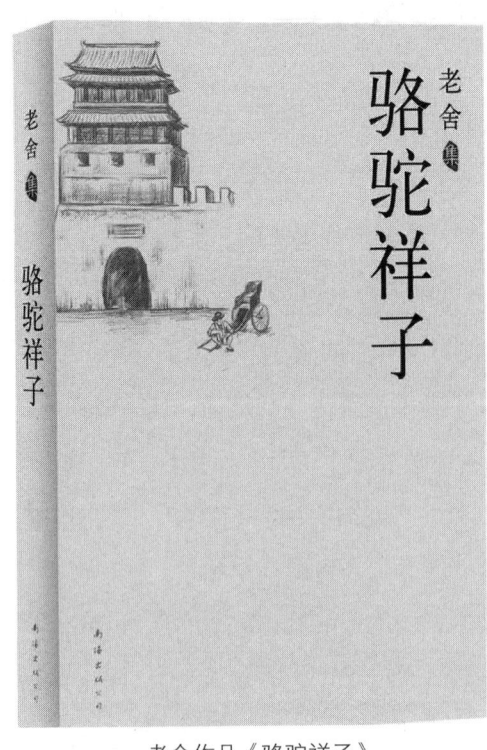

老舍作品《骆驼祥子》

就这样，善良的他等着吸那最后的一口气，他是个还有口气的死鬼，个人主义是他的灵魂。这个灵魂将随着他的身体一齐烂化在泥土中。他为自己努力，也为自己完成了死亡。

老舍的心痛极了，他很想让这个棒小伙子像西方的骑士一样，在东方初白的拂晓，在淡淡晨雾中，带着小福子飞奔，奔向一个暖洋洋的有香甜味的清晨。可是，老舍知道，在这个腐朽的国度里，没有美丽的传奇。老舍只能心痛而诚实地书写苦难的生活。老舍深深地叹息：人把自己从野兽中提拔出，可是到现在人还把自己的同类驱逐到野兽里去。老舍多么怜惜他们，但他不会因为怜惜而包庇或者美化了他们，他不因为祥子不幸就避讳祥子与现代城市文明相对立所产生的道德堕落与心灵腐蚀，他试着揭示文明失范如何引发城市中的人性的污浊，他对病态的城市文明给人性带来的伤害深深忧虑。

老舍忍不住走出房间，来到院子里眺望海一样蓝色的天空。孩子们在院子里游戏，欢乐的笑声清脆若风铃。

那时，老舍一家住在一楼，二楼住客中也有几个孩子，他们长大后分别是剧作家黄宗江，表演艺术家黄宗洛和演员、作家黄宗英。

世界真小。

2

老舍在山大任教的时候，以教书为正职、写作为副业，从《老张的哲学》起到《牛天赐传》止，一直是如此。也就是说，在学校开课的时候，老舍便专心教书，等到学校放寒暑假，老舍才从事写作。老舍就是这么一个认真的人。在老舍的心里，他很想做个职业写家，专心书写北平城里那些平俗男女的悲欢离合。但是，为了一家人的生活，老舍不敢独断独行地丢掉教书这份可靠的收入。

上天眷顾老舍的心愿，1936年，山大闹学校风潮，老舍便随着许多位同事辞了职，他在青岛住下来，专凭写作的收入过日子。青岛自秋至春都非常地安静，到处花香，五月的海仿佛特别地绿，特别地可爱；看一眼路旁的绿叶，再看一眼海，这才明白了什么叫做"春深似海"，真是非常适于写作，《骆驼祥子》是老舍作职业写家的第一炮。在老舍缜密的心里是这样计划的，若是这一炮放响了，他就可以放胆地做下

老舍在青岛的故居

去，每年预计着可以写出两部长篇小说来。不幸这一炮若是不过火，老舍就再去教书，也许因为扫兴而完全放弃了写作。可以说，这本书和老舍的写作生活有很重要的关系。

职业作家的生活是安静而有规律的。

早晨，老舍七点起床，梳洗过后便到院中去打拳，高兴，就打上半点钟，不高兴也必打上一刻钟，求其不间断。遇上雨或雪，就在屋中练练小拳。练上几趟就多少能见点汗儿；背上微微见汗，脸色微红，最为舒服。老舍家里有一副架子，上面十八般兵器一字排开，常常让初次造访的人困惑不解，以为闯进了某位武士的家。这种运动不一定比别种运动好，不过它的好处是方便：用不着去找伴儿，一个人随时随地都可以活动；可长可短，可软可硬，由慢而速，亦可由速而慢，缺乏纪律，可是能够从心所欲不逾矩。

打完拳，老舍便去浇花。老舍特别喜欢花，花开得大小好坏都不计较，只要开花就高兴。所以，出了一本作品集子叫《樱海集》也就不奇怪了。这么磨蹭十多分钟，才去吃早饭，看报。这差不多就快九点钟了。吃过早饭，老舍去看看有应回答的信没有；若有，就先写信，溜一溜脑子；若没有，就试着写点文章。在这时候写文，不易成功，脑子总是东一头西一脚的乱闹哄。勉强地写一点，多数是得扔到纸篓去。不过，这么闹哄一阵，虽白纸上未落多少黑字，可是这一天所要写的，多少有了个谱儿，到下午便有辙可循，不致再拿起笔来发怔了。简直可以这么说，早半天的工作是抛自己的砖，以便引出自家的玉来。

十一时左右，外埠的报纸与信件来到，看报看信；也许有个朋友来谈一会儿，一早晨就这么无为而治地过去了。潮退后，沙滩上有的是蛤壳与断藻，老舍带着小济和小乙拾蛤壳，把海藻送到水中去。这得九点多就出发，十二时才能回来，他们是能将一里路当作十里走的；看见地上一颗特别亮的砂子儿，这是不是银河里迷了路的小星星啊？一家人也能研究老大半天。

十二点吃午饭。吃完饭，老舍抢先去睡午觉，给孩子们示范。等孩子都决定去学他的好榜样，而闭上了眼，他便起来了，他只需一刻钟左右的休息。孩子睡了，老舍可以安心拿起笔来写一阵。等到他们醒来，老舍就把墨水瓶盖好，一直到晚八点再打开。大概地说吧，写文的主要时间是午后两点到三点半，和晚上八点到九点半。

晚上九点半必定停止工作。末一次的信是九点后送到，花猫每晚九点后回来，把信看了，把猫收入，他锁上门。有时候躺下而睡不着，便读些书，直到困了为止。

星期六下午和星期日整天，该热闹了。看朋友，约吃饭，理发，偶尔也看看电影，都在这两天。

老舍作品《樱海集》　　　　老舍作品《蛤藻集》

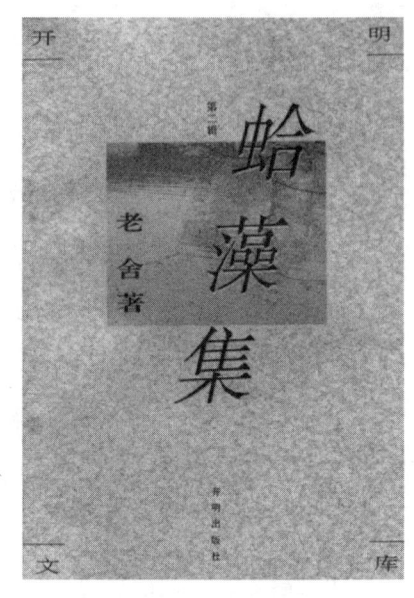

　　除了星期日或有点病的时候,老舍天天总写一点,有时少至几百字,有时多过三千;平均地算,每天可得二千来字。写作进行得很顺利,"祥子"开始在《宇宙风》上出现了。1936年9月第二十五期开始连载,至1937年9月第四十八期续完。作为长篇连载。当发表第一段的时候,全部还没有写完,可是通篇的故事与字数已大概地有了准谱儿,不会有很大的出入。假若没有这个把握,老舍是不敢一边写一边发表的。刚刚入夏,老舍将它写完,共二十四段,恰合《宇宙风》每月要两段,连载一年之用。

　　他告诉《宇宙风》的编辑,这是一本最使我自己满意的作品。后来,刊印单行本的时候,书店即以此语嵌入广告中。

　　不过,老舍如实承认说,"祥子"自然也有许多缺点,使他最不满意的是收尾收得太慌了一点。因为连载的关系,必须整整齐齐地写成二十四段;事实上,应当多写两三段才能从容不迫地刹住。可是这个问题没法补救了,因为老舍对已发表过的作品是不愿再加修改的。

就这样，老舍开始了他职业作家的生活。

老舍在祥子的脚步里，开始了另一种生活的奔跑。

3

8月的青岛，一个美丽的小婴儿，降生在舒家。外面下起了大雨，雨淋着干旱已久的土地，也淋着老舍焦灼的心。

雨让老舍的心情暂时得到一点清凉，雨又让老舍的心情潮湿不已。自七月开始，平津陷落，街巷中卖着号外，自午及夜半。一闻呼唤，小济与小乙均跑过来争着报告："爸！号外！"号外所载的消息偏偏简短模糊，三言两语的让人看了不明就里徒然增加焦灼。到了七月十五日，号外也听不到了，步行七八里也找不到一个卖报童子。倒是日本人的报纸号外频发，并且张贴在大街上，最新消息都用红笔标识出来，而所有得消息都不利于中方。不看，心中不安，看了，心中惭愧。天更热了，热得无法睡眠，到朋友家去听广播，也无收获。从朋友家回来，听着深夜远远传来的警觉的犬吠，更是忧虑难眠。二十六号、二十八号、二十九号不停地出号外，廊坊的战事起伏不定。在这发发停停的号外里，老舍得不到确切的消息与何去何从的方向，只有加倍增添对北平的老母亲的

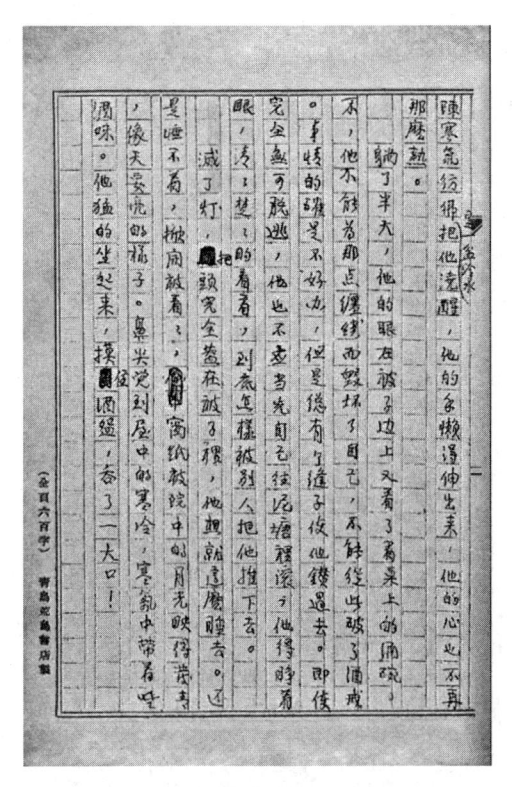

《骆驼祥子》手稿之一页

牵挂和对妻儿生活的忧虑。

9月,老舍携全家迁居到济南,在齐鲁大学等待着开学。济南的秋天还是那么美啊,水和蓝天一样的清凉。天上微微有些白云,水上微微有些波皱。天水之间,全是清明,温暖的空气,带着一点桂花的香味。山影儿也更真了。秋山秋水虚幻地吻着。山儿不动,水儿微响。这正是读书时候可是,校园里却并没有琅琅书声与年轻人的欢声笑语。院里静寂得可怕:卖青菜,卖果子的都已不再来,而一群群的失了主人的猫狗都跑来乞饭吃。很多流亡者来到济南,衣衫褴褛,他们疲惫的神情里藏着远方的战火硝烟。小济乖巧地帮着胡絜青折纱布揉棉球,备救护伤兵之用,小乙则高呼到街上买木枪,好打飞机。老舍的心里装着沉甸甸的忧虑。他知道济南已经成为一座危险的城市,可是却不知道该到哪里去。

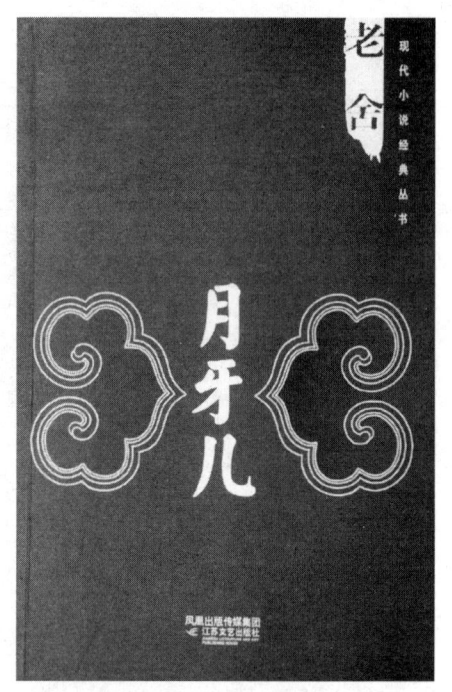

老舍作品《月牙儿》

老舍有一种无处遁逃的困兽感。北平是他的故乡,却已陷入敌手,他不能去自投罗网。全家逃亡吧,幼女才不满三个月,大的孩子也不过四岁,既麻烦又危险。独自逃亡吧,把家属留在济南,于心不忍。在战乱中,平民是火场上的蚂蚁,力量微弱,根本不知道再走一步是不是熊熊大火。战事的消息越来越坏,这个时候,老舍担心城市会忽然地被敌人包围住,被敌人捉去而被逼着作汉奸。老舍不怕死,但是怕丢了气节。父亲那一辈,因为丢了大清背了多少年的骂名啊。

几次，老舍把一只小皮箱打点好，几次又把它打开。看一看痴儿弱女，他实不忍独自逃走。这情形，在老舍到了武汉的时候还不能忘记，而且写出一首诗来：

弱女痴儿不解哀，牵衣问父去何来？
话因伤别潜应泪，血若停流定是灰。
已见乡关沦水火，更堪江海逐风雷；
徘徊未忍道珍重，暮雁声低切切催。

可是，老舍终于提起了小箱，走出了家门。那是十一月十五日的黄昏。外面响着震动天地的爆炸，院中的树木被震得叶如雨下，街上几乎断绝了行人。老舍抚摸了两下孩子们的头，对胡絜青说："到车站看看有车没有，没有车就马上回来！"然后，老舍提起小箱极快地走出去，他不能再迟疑，稍一踟蹰，他就会放下箱子，不能迈步了。

在路上，老舍找到一位朋友，请他陪自己到车站去，假若自己能走，好托他照应着家中。

车站上居然还卖票。路上很静，车站上却人山人海。老舍挤到票房买了一张到徐州的车票。八点，车入了站，车里挤满了人，连车顶上都坐满了人。老舍，这个一生不善争夺抢挤的人傻了眼，他上不去车。还是朋友有办法，敲了敲末一间车的窗，窗子打开，一个茶役问了声："干什么？"朋友递过去两块钱，说了一句话："一个人，一个小箱。"茶役点了头，先接过去箱子，然后拉老舍的肩。友人托了老舍一把，老舍钻入了车中。老舍告诉窗外的友人："请回吧！明天早晨请告诉我家里一声，我已上了车！"

没有地方坐，老舍就把小箱竖立在一辆自行车的旁边，然后用脚，用身子，用客气，用全身的感觉，扩充着地盘。最后，老舍坐在了地上，下颌恰好放在自行车的座垫上。四面八方都挤满了东西与人，恰好把老舍镶嵌在那里，让他只能这么坐着，不能改换姿式，夜里一点，火车开动了，才开车，天阴着，飘着细雨，老舍离开了他的书房，他的花草，他的家人，开始过流亡的生活。

后来，冯玉祥将军写了一首"丘八"诗送给老舍：

老舍先生到武汉，提只提箱赴国难，
妻子儿女全不顾，赴汤蹈火为抗战！
老舍先生不顾家，提个小箱子撑中华；
满腔热血有如此，全民团结笔生花。

4

也是那一年，卢沟桥事变后，北京大学、清华大学组成联合大学，一部分南迁昆明，一部分西迁西安，无数学者文人也纷纷南下，逃离北平这座沉醉的死城。苦雨斋的主人周作人以"系累太多"为由，留在了北平，准备以写文章挣稿费为生。当时的北京大学校长蒋梦麟特别委任周作人和其他三位教授为北京大学留住北平的教授，负责留守北京大学，保管校产和图书，校方每月寄生活津贴费50元。

于是，周作人依然整天在八道湾的书房"苦雨斋"里写他的小品文，外面的战火似乎与这个隐居书斋的书生毫无关系，周作人的生活与文字依然闲适淡泊。

老舍却是焦虑着，他奔跑着，他要用他不熟悉的形式来写他不熟悉的故事内容，甚至有些作品写得很糟糕。

1938年3月27日,"中华全国文艺界抗敌协会"在汉口正式宣告成立。为平衡国共双方的政治力量,"文协"不设理事长或主席之类的最高职务,而是由理事会确定组成的总务部、组织部、研究部、出版部,来分头负责实施协会的各项工作。其中总务部主任对内总理会务,对外代表"文协"总会,是实际上的总负责人。经事前酝酿,大家公推老舍担当总务部主任一职。因为老舍人品好,做事公正。老舍认为"自己在文艺界的资望既不够,而且没有办事的能力"而坚辞。"文协"常务理事之一的胡绍轩后来回忆说:"当老舍被推举为总务部主任时,他一再推辞,他说:'我算老几,怎能担此重任!'他坚决不干,会场一度形成僵局。……最后,郁达夫说话了。郁达夫说:'各部主任都是大家推选的,选完了就应该接受。老舍先生的总务部主任,他不干,我的研究部主任也不干,我的态度也是很坚决的。好吧,今天焕章先生(注:冯玉祥)请吃饭,这顿饭是要叨扰的,吃完饭我们就散伙。'郁达夫的这着棋很妙,老舍被他'将'了一'军',也只好笑而不语了。"后来,在与会理事的一致坚持之下,为避免僵局,老舍才点头同意。在成立大会上,老舍说:"我是文艺界的一名小卒,……以前如是,现在如是,希望将来也如是。在我入墓的那一天,我愿有人赠我一块短碑,刻上:文艺界尽责的小卒,睡在这里。"而此时的老舍无论如何也想象不到,他这一任就是七年。由于老舍的勤恳工作和出色的成绩,在此后逐年举行的理事会上,老舍连选连任,一直到抗战胜利,整整干了七届的总务部主任。

文协成立没多久,1938年5月,伪华北临时政府伪教育部总长汤尔和请周作人出任伪国立北京大学总监督,周作人知道此事非同小可,疑虑重重,未肯就任,最后由汤尔和自己兼任。1938年4月9日,日本侵略者在北平召开了所谓的"更生中国文化建设座谈会"。据当时的《大阪每日新闻》报道,周作人参加了这次会议并讲了话。北平的一家报纸转译了《大阪每日新闻》的这条消息，并刊登了周作人讲话的内容。

看到这个消息，老舍内心是吃惊的，惋惜的，他多么希望周作人参加日本侵略者的会议并讲话的消息是假的。他和茅盾、郁达夫、胡适、丁玲、夏衍等18位作家在《抗战文艺》上发表了《给周作人的一封公开信》，信中说："惊悉先生竟参加敌寇在乎召集的'更生中国文化座谈会'，照片分明，言论俱在，当非虚构。先生此举，实系背叛屈膝事仇之恨事，凡我文艺界同人无一不为先生惜，亦无一不以此为耻。先生在中国文艺界曾有相当的建树，身为国立大学教授，复备受国家社会之优遇尊崇，而甘冒此天下之大韪，贻文化界以叛国媚敌之羞，我们虽欲格外爱护，其如大义所在，终不能因爱护而即昧却天良。"信中忠告周作人："希能幡然悔悟，急速离平，向道南来，参加抗敌建国工作。"

然而，周作人却没有做出任何回应。也许，周作人觉得无须解释。周作人一方面保护着北大留下的财产，一方面频频出现在日伪政府组织的种种场合，他过着富裕的日子，照片上，他的圆脸上浮起平和的笑容，没有人知道他内心真的快乐吗。

老舍在繁杂的日常事务中忙碌着。自"文协"成立之日起，常常面对协会经济拮据的局面。老舍曾经回忆说："（文协）第一个难以克服的困难就是穷。文协成立，得到手里的只是筹备会的欠债三百馀元。债必偿，事必办，'弄钱去'，乃成为口号。"经费捉襟见肘，老舍只得一再节省开支，压缩酬劳，甚至"吝啬"到即便"文协"聚会时的茶水费用，也得由作家自掏腰包。为使"文协"的各种活动能够正常开展，老舍不得不四处"乞讨"，八方奔走，甚至亲自到有关部门坐索。叶以群曾回忆说："为了文艺界的团结，为了'文协'的工作，他不知费去多少心力。奔走，求情，乃至叩头，作揖，只要是为了'文协'，他不推辞，碰到困难也从不退避。"除经济拮据外，作为"文协"的领导人，老舍当时所处的政治环境也是复杂的，他总免不了要面对国共两党时而微妙难言、时而剑拔弩张的关系，也免不了要承受两党各自对他施加的影响。在复杂的政治环境中，为维护自己多年来择定的独善其身的政治立场，老舍立场和态度很分明："我不是国民党，也不是共产党，谁真正抗战，我就跟谁走，我就是一个抗战派！""办事很困难，只要我们动一动，外边就有谣言，每每还遭受了打击。我们可是不灰心，也不抱怨。我们诸事谨慎，处处留神。为了抗战，我们甘心忍受一切的委屈。"

1944年，在纪念老舍创作生活二十年大会上茅盾说："如果没有老舍先生的任劳任怨，这一件大事——抗战的文艺界的大团结，恐怕不能那样顺利地完成，而且恐怕也不能艰难困苦地支撑到今天了。"

1945年8月14日，日本侵略者宣布无条件投降。1945年12月，周作人在北平以汉奸罪名被逮捕，并押解南京受审，监禁于老虎桥监狱。他的朋友、学生纷纷为他开脱求情，俞平伯还给在美国办外交的胡适写了封长信，请求胡适为周说情。周作人亦亲笔写了自白书为自己辩解，说他参加伪组织的动机完全在于维护教育、抵抗奴化，并不是羡慕做官。

一南一北，同是文人，境遇如此不同。个人至上还是国家至上，这是两种价值理念。

5

《骆驼祥子》见证了新文化运动开创新文学风尚以来一段中国职业作家的创作历程。老舍在青岛确立了适合自己品格与才能的身份——职业作家。经济自主、政治独立的自由撰稿人身份，使他在思想精神方面获得了一个更纯净的思维空间和审判角度，他写得投入、写得快乐，写得成功。可是，专事写作时光也仅仅是维持了一年而已。这是充满纪念意义的一年，他度过了布衣作家的夏秋冬春，沉潜于写作本身，触及着人世与命运的本质。在祥子的狂奔中，他的经典作品正待喷薄而出。在抗日的号角中，他选择了离开，离开家，离开花香与落叶，离开钟爱的写作方式，他选择了另一种奔跑。

因为，他是老舍，字舍予。

第三季　秋

　　中秋前后是北平最美丽的时候。天气正好不冷不热，昼夜的长短也划分得平匀。没有冬季从蒙古吹来的黄风，也没有伏天里挟着冰雹的暴雨。天是那么高，那么蓝，那么亮，好像是含着笑告诉北平的人们：在这些天里，大自然是不会给你们什么威胁与损害的。西山北山的蓝色都加深了一些，每天傍晚还披上各色的霞帔。

　　在太平年月，街上的高摊与地摊，和果店里，都陈列出只有北平人才能一一叫出名字来的水果。各种各样的葡萄，各种各样的梨，各种各样的苹果，已经叫人够看够闻够吃的了，偏偏又加上那些又好看好闻好吃的北平特有的葫芦形的大枣，清香甜脆的小白梨，像花红那样大的白海棠，还有只供闻香儿的海棠木瓜，与通体有金星的香槟子，再配上为拜月用的，贴着金纸条的枕形西瓜，与黄的红的鸡冠花，可就使人顾不得只去享口福，而是已经辨不清哪一种香味更好闻，哪一种颜色更好看，微微的有些醉意了！

　　那些水果，无论是在店里或摊子上，又都摆列的那么好看，果皮上的白霜一点也没蹭掉，而都被摆成放着香气的立体的图案画，使人感到那些果贩都是些艺术家，他们会使美的东西更美一些。况且，他们还会唱呢！他们精心的把摊子摆好，而后用清脆的嗓音唱出有腔调的"果赞"："嗳——一毛钱儿来耶，你就挑一堆我的小白梨儿，皮儿又嫩，水儿又甜，没有一个虫眼儿，我的小嫩白梨儿耶！"歌声在香气中颤动，给苹果葡萄的静丽配上音乐，使人们的脚步放慢，听着看着嗅着北平之秋的美丽。

远　方

在龙泉村，听到了古琴。相当大的一个院子，平房五六间。顺着墙，丛丛绿竹。竹前，老梅两株，瘦硬的枝子伸到窗前。巨杏一株，阴遮半院。绿阴下，一案数椅，彭先生弹琴，查先生吹箫；然后，查先生独奏大琴。

在这里，大家几乎忘了一切人世上的烦恼！

这小村多么污浊呀，路多年没有修过，马粪也数月没有扫除过，可是在这有琴音梅影的院子里，大家的心里却发出了香味。

1

船是一只鞋，行走在三峡的雨里，巫山暮足沾花雨，陇水春多逆浪风。

船是一家中国的公司的，插着意大利旗子。这是条设备齐全，而一切设备都不负责任的船。舱门有门轴，而关不上门；电扇不会转；衣钩掉了半截；什么东西都有，而全无用处。开水是在大木桶里。一位江北娘姨把洗脚水用完，又倒在开水桶里！在船上，老舍看不到三峡，人太多了，老舍只能看到头发很黑的无数人头。

船是一片树叶，漂浮在长江的波浪里，回转在命运的漩涡里。老舍把命系在一条木船上，在战火中四处漂泊。

船在重庆靠了岸，这是老舍生命中第一次来到重庆。重庆是一座山城，树少坡多，顶着毒花花的太阳，道路曲折起伏。老舍暂住在大梁子（今渝中区新华路雅兰电子城附近）青年会的机器房里，黑而闷，响声很大，仿佛住在轮船的舱底。天气很热，睡在凉席上，照旧汗出如雨。墙，桌椅，到处是烫的；人仿佛是在炉里。只有在一早四五点钟的时候，稍微凉一下，其余的时间全是在热气团里。半夜，老舍醒来，居然有轻微的恍惚，觉得自己依然在船上，地板好像在摇晃，外面是起伏的不平静的波涛，依稀传来悠长而凄厉的哭号。

老舍是一个不怕苦的人，他能迅速地从困难的生活里找到生机勃勃的乐趣，并且把这乐趣传播开来。机器房虽然气闷，但是总有其他房间房客搬家的时候，有住的地方即胜于流落街头。天气虽然热，物价却还便宜，一角钱买十个很大的香喷喷的烧饼；"龙眼熟时串坠梢，熏风浓味蝶蜂招"，一个铜板买一束新鲜桂圆，桂圆的甜味儿让老舍的心中凉爽了一点。

文协的会友慢慢都来到，老舍在临江门租到了会所，开始办公。不久，青年会搬走了一些房客，老舍也由机器房里移到楼下一间光线不很好的屋里去。过些日子，又移到对门光线较好的一间屋中。最后，老舍升到楼上去了，虽然条件依然很简陋，只有一个九屉桌和两张单人床，工作就在床边，但是较之机器房已经有了天壤之别。他们的生活很艰苦，吃不敢进大三元，喝也不过是清一色的白干，女友不敢去交，男友一律是穷光蛋，住是二人一室，睡是臭虫满床。同屋何容先生因为经济窘迫决定戒烟。

何容先生那天睡了十六个钟头，一枝烟没吸！醒来，已是黄昏，他便独自走出去。我没敢陪他出去，怕不留神递给他一枝烟，破了戒！掌灯之后，他回来了，满面红光，含着笑，从口袋中掏出一包土产卷烟来。"你尝尝这个，"他客气地让我，"才一个铜板一枝！有这个，似乎就不必戒烟了！没有必要！"把烟接过来，我没敢说什么，怕伤了他的尊严。面对面的，把烟燃上，我俩细细地欣赏。头一口就惊人，冒的是黄烟，我以为他误把爆竹买来了！听了一会儿，还好，并没有爆炸，就放胆继续地吸。吸了不到四五口，我看见蚊子都争着向外边飞，我很高兴。既吸烟，又驱蚊，太可贵了！再吸几口之后，墙上又发现了臭虫，大概也要搬家，我更高兴了！吸到了半支，何容先生与我也跑出去了，他低声地说："看样子，还得戒烟！"

老舍作品《残雾》

老舍的不怕苦不仅仅体现在物质方面，在写作方面，老舍也不怕麻烦改弦易辙。老舍改变了以前擅长的写作内容与题材，去创作适合抗战的文艺形式。为此，老舍正式去和富少舫先生学大鼓书。富少舫是"滑稽大鼓"演员，本名富德山，号少舫，艺名山药蛋，满族。学了好几个月，才学会了一段《白帝城》。会了这么几句，写鼓词就略有把握了。老舍也开始写旧剧剧本——用旧剧的形式写抗战的故事，还为《抗到底》写长篇小说《蜕》。转过年来，老舍开始学写话剧剧本，什么事情莫不是由试验而走到成功呢。

这年年底，日军对重庆的"试探性轰炸"转为了"由空中入侵对敌军战略中枢加以攻击同时进行空中歼灭战"的全面轰炸。重庆的房子，除了大机关与大商店的，差不多都是以竹篾为墙，上敷泥土，因为冬天不很冷，又没有大风，所以这种简单、单薄的建筑满可以将就。力气大的人，一拳能把墙砸个大洞。这种房子盖得又密密相连，一失火就烧一大片。火灾是重庆的罪孽之一。日本人晓得这情形，1939年的5月3日和4日，日机连续轰炸重庆市中心区，并且大量使用燃烧弹。死伤数千人，损毁建筑物4889栋，约20万人无家可归。

每逢空袭，老舍就要钻防空洞，一次在公共防空洞里几乎憋死，人多，天热，空袭的时间长，洞中的空气不够用了。五三、五四空袭中，四面八方全是火，人死得很多。彻夜，人们像流水一般，往城外搬。经过这个大难，文协会所暂时移到南温泉去，和张恨水先生为邻。老舍也去住了几天，之后又在渝中区下半城的白象街88号《新蜀报》报社借居。

日军轰炸重庆的惨烈景象让身处重庆的"文协"成员感受到切肤之痛，他们决定组成慰劳团，前往抗战前线采风和慰问，"希望以战地访问的形式，沟通前后方的意志，记录战场上丰富的生活"。慰劳团分为南北两路，南路慰劳团由王礼锡任团长，一共13人，他们从重庆出发，经四川、湖北，到黄河两岸及中条山慰问。而由老舍带队的北路慰劳团于6月18日从重庆出发，经成都、绵阳、剑阁、广元、汉中、宝鸡、西安、潼关，于7月17日到达洛阳，与四天前先到洛阳的南路慰劳团会合。

慰劳团先到西安，而后绕过潼关，到洛阳。由洛阳到襄樊老河口，而后出武关，再到西安。由西安奔兰州，到由兰州榆林，而后到青海，

老舍作品《剑北篇》

绥远，宁夏，兴集，一共走了五个多月，两万多里。在陕州，老舍几乎被炸死。在兴集，老舍差一点被山洪冲了走。

在国难当头的大时代来临之际，老舍有着恋家爱子的温情，但是他更有"救国是我们的天职，文艺是我们的生命"的国家至上的信念，他让灵魂与肉体为了祖国而流亡。

罗素说：爱情与知识的可能领域，总是引领我到天堂的境界，可对人类苦难的同情经常把我带回现实世界。那些痛苦的呼唤经常在我内心深处引起回响。饥饿中的孩子，被压迫被折磨者，给子女造成重担的孤苦无依的老人，以及全球性的孤独、贫穷和痛苦的存在，是对人类生活理想的无视和讽刺。

这是有良知的知识分子的宿命！

老舍说：

我们必先对得起民族与国家；有了国家，才有文艺者，才有文艺。国亡，纵有莎士比亚与歌德，依然是奴隶。

2

　　1943年夏天，经历了颠沛流离之苦的老舍，终于搬到北碚蔡锷路24号（今天生新村61号），才总算有了一个"安定"的家。老舍在北碚的定居之所，实则是1940年6月林语堂先生回国定居时购买所得。1942年，林语堂奉命出国，临行前便将房屋赠送给老舍领导的"中华全国文艺界抗敌协会"办公所用。1943年，老舍移到北碚分会办公，开始长住在这里。

　　2010年11月24日，天新村61号正式更名为"四世同堂纪念馆"，在繁华的缙麓商都广场一隅静静矗立，穿过木枋门，是满园的竹子、芭蕉、黄桷树等花木，素雅清幽。老舍的旧居是一座青灰色砖木小屋，外观古朴素雅，屋内墙上挂满了反映老舍生平机器在重庆生活时的图文资料，还有部分老舍用过的文具和实物。当年，老舍定居之时，房屋并没有如此整齐，历经轰炸，已经变得相当简陋。老舍搬来后将它叫"头昏斋"，从1941年开始，老舍就因为贫血加疟疾而经常头晕。每年冬天只要稍一劳累，

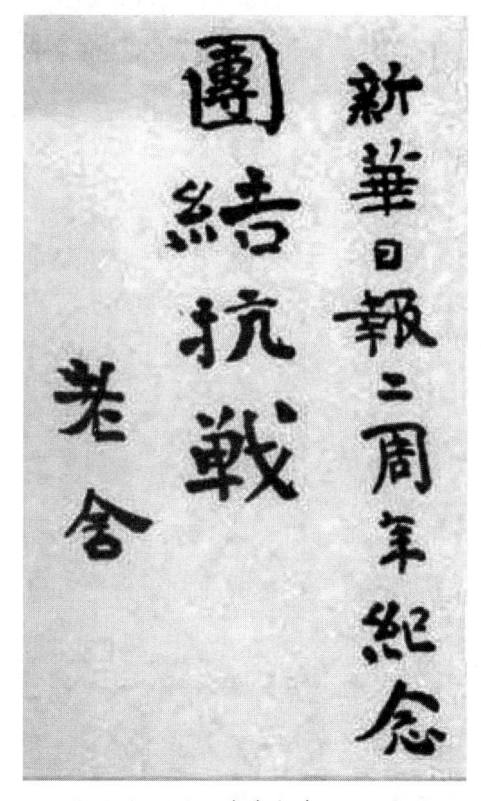

老舍书法

老舍作品《多鼠斋杂谈》

他便头昏，若不马上停止工作，就必由昏而晕，一抬头便天旋地转。不过，这名字只用了一次，就改叫"多鼠斋"了。

多鼠斋的老鼠并不见得比别家的更多，不过也不比别家的少就是了。前些天，柳条包内，棉袍之上，毛衣之下，又生了一窝。

老舍买过一只小猫，考虑了一番，"赶忙才用麻绳将猫拴着，怕它不留神碰上了老鼠"。

清贫的生活和病痛的折磨，并没有改变老舍幽默的天性和对生活的热爱。老舍和梁实秋是北京同乡，更是难兄难弟，都做过盲肠炎手术，还在北碚合演过相声，舒乙姐弟也经常爱去梁伯伯的雅舍串门。在梁实秋的记忆里，老舍"又黑又瘦，甚为憔悴，平常佝偻着腰，说话声音低缓，带有风趣"。

为了身体的缘故以及省钱的关系，老舍戒了烟、酒、茶，他也调侃着自己的戒酒、戒烟和戒茶。

我不知道戒了茶还怎样活着，和干吗活着。但是，不管我愿意不愿意，近来茶价的增高已教我常常起一身小鸡皮疙瘩！

茶本来应该是香的，可是现在卅元一两的香片不但不香，而且有一股子咸味！为什么不把咸蛋的皮泡泡来喝，而单去买咸茶呢？六十元一两的可以不出咸味，可也不怎么出香味，六十元一两啊！谁知道明天不就又长一倍呢！

恐怕呀，茶也得戒！我想，在戒了茶以后，我大概就有资格到西方极乐世界去了——要去就趁早儿，别把罪受够了再去！想想看，茶也须戒！

北碚的时有断炊燃眉之急。往往是来访的客人从前门进，他从后门出，去卖件衣服，买点烟酒茶叶。老舍养了只小猫捉老鼠，老舍有时候担心小猫的粮食也供应不起了。

这两天，咪咪比我们都要阔绰了；人才真是可怜虫呢！昨天，我起来相当的早，一开门咪咪骄傲的向我叫了一声，右爪按着个已半死的小老鼠。咪咪的旁边，还放着一大一小的两个死蛙——也是咪咪咬死的，而不屑于去吃，大概死蛙的味道不如老鼠的那么香美。我怔住了，我须戒酒、戒烟、戒茶、甚至要戒荤，而咪咪——会有两只蛙，一只老鼠作早餐！说不定，它还许已先吃过两三个蚱蜢了呢！

生活越来越苦了，就那么一件衣服，又脏又旧又皱，老舍竟然穿出了乐趣，还能说出一二三条理由来，让你都忍不住想拥有这么一件衣服。

到了重庆，我就添置衣裳。主要的是灰布制服。这是一种"自来旧"的布作成的一下水就一蹶不振，永远难看。吴组缃先生名之为斯文扫地的衣服。可是，这种衣服给我许多方便——简直可以称之为享受！我可以穿着裤子睡觉，而不必担心裤缝直与不直；它反正永远不会直立。我可以不必先看看座位，再去坐下；我的宝裤不怕泥土污秽，它原是自来旧。雨天走路，我不怕汽车。晴天有空袭，我的衣服的老鼠皮色便是伪装。这种衣服给我舒适，因而有亲切之感。它和我好像多年的老夫妻，彼此有完全的了解，没有一点隔膜。

在一定意义上说，老舍正是以幽默遮蔽、冲淡他积郁于内心深处的悲观情绪，我们看老舍的杂文，难免发笑，他本人未必是带着笑容写的。但是，清贫的生活经过幽默与乐观改造会变得充满趣味与生机，给战争中的人们前行的力量。

在多鼠斋，老舍开始写他的长篇小说《四世同堂》。胡絜青向老舍介绍着他所见所感的北平沦陷区百姓的生活与遭际，凭借着老舍对北平的熟悉与发自内心的热爱，他在头脑里浮现出了一幅清晰的文学地图，

老舍作品《四世同堂》

人物的命运安排、小说的结构布局就在这幅地图上铺展开来。老舍记录着中国人民抵抗日本侵略者从艰难走向胜利的历程，也反思着中华文化与民族性格。

在多鼠斋期间，发生过离谱的事情。抗战胜利前夕，重庆中央银行发生了一件"黄金舞弊"，银行内定黄金储蓄增值，当晚内定消息泄露，第二天五更时分，银行门前已排成长队，抢购黄金。在舆论压力下，监察院公布了部分掌握信息的主管名单，同时公布了抢购黄金的名单。在这份名单中，居然有个叫"舒舍予"的抢购了107条黄金。于是，重庆到处都传开了，说真看不来，平时衣着朴素的作家老舍居然有这么多钱！张恨水在报上发表文章说："不管怎么说，老舍这一次为穷作家吐了口气。"记者也纷纷登门采访："请问老舍先生，你真的去买过这么多黄金吗？"老舍说："这个舒舍予，当然同姓同名，你们会相信我买得起这黄金吗？"《新华日报》以《黄金案中的舒舍予与老舍先生无关》为题辟谣："关于黄金案昨日各报所披露的大户名单中，有舒舍予买黄金一百五十两，据文协负责人谈，此事与名作家舒舍予（老舍）无关。老舍先生仍然在乡下度着贫作家生活，靠着卖心血及衣服杂物维持全家衣食，与黄金案中舒舍予其人，毫无关联之处。"那么这个舒舍予究竟是谁？无人知晓。直到抗战胜利后，真相才浮出水面，原来是孔祥熙之女——孔二小姐，她一人买了150两还嫌不够，于是随便安了几个名字，尽量能多买一些，其中就有"舒舍予"的名字。

也曾发生过有趣的事情：张道藩派特务对老舍监视。有一次，老舍发现有人跟踪，老舍不急不恼，他慢慢走着，突然转身，对那个特务说："老兄，你每月拿几块钱？我替你写我的报告好不好？"特务无言以对，只好狼狈而去。

老舍就是这样用幽默来面对人生的诸种灰色。

老舍在远方，在战争的间隙里，他会时而想起家的安宁与温馨，这

《四世同堂》手稿之一页

也是他的向往，和平才是人与人之间永久的七月。较为安静的北碚，给老舍带来了一点心灵的慰藉。舒乙回忆说："那时家周围种满了竹子、芭蕉，画眉鸟的叫声好听得要命，到现在还常出现在梦中。"

如今的多鼠斋，已成纪念馆。房子修缮一新，翠竹、梧桐、蔷薇、枇杷、雪松、南天竺和黄桷树葳蕤茂密，杜鹃花儿开得灿烂。对于老舍，他会在乎一所房子的存在与否吗？他在北碚留下了无悔的岁月，有多少人可以读懂其间的苦乐思愁呢。

老舍在《北碚辞岁》中写：

雾里梅花江上烟，小三峡里又一年。
病中逢酒仍须醉，家在卢沟桥北边。

3

2012年10月底，开车行在大丽路，大丽路是大理到丽江的公路的简称，听起来有种墨西哥大丽花的妖娆。大理有很多绚丽的地名，云龙、鹤庆、祥云、凤羽，令人遐思。喜洲，在大丽路旁。

这个时节的北方早已落叶飘零，秋风萧瑟，喜洲依然沉浸于初秋的富裕和纯净。路两边是金黄稻子和碧绿蚕豆齐整相间的农田，没有收割的稻田里插着稻草人，藏青衣衫在风中招展，有的白鹭飞来，有的白鹭飞走。农田上方是蓝天和白云，天空格外低，抬起头便是干净透亮的一块瓦蓝天空撞进眼眸，云是一朵朵棉花糖，大片，小团，远，近，厚，薄，无不轮廓鲜明。农田那边是洱海，深蓝平整像一条路。

70年前，老舍来喜洲看到的是否也是这么一幅色彩浓郁的油画？

那时，老舍在重庆害了严重的头晕病，无法写作，他到昆明住了两个月，头晕病好了，还写完了剧本《大地龙蛇》。老舍反复称赞昆明是一个像北京却胜过北京的城市，北京是老舍眷恋深厚的故乡，对昆明如此评价可见老舍内心的欢喜。老舍来大理游玩，看到喜洲的时候应该是惊呆了，他说喜洲是一个奇迹！倘使昆明的"跑警报"还带着些许抗战的硝烟气味，喜洲却是这般意想不到的和谐安宁。

不到一里，便是洱海。不到五六里便是高山。山水之间有这样的一个镇市，真是世外桃源啊！

在这个山水间的小镇上，老舍应该找到了久违的心灵的恬静，有苍山的庇

老舍作品《大地龙蛇》

云南大理喜洲

佑，有洱海的抚慰，在战火纷飞的中国，这个几乎与乱世隔绝的美丽家园真的算得上是奇迹。

进到镇里，仿佛是到了英国的剑桥，街旁到处流着活水：一出门，便可以洗菜洗衣，而污浊立刻随流而逝。街道很整齐，商店很多。有图书馆，馆前立着大理石的牌坊，字是贴金的！有警察局。有像王宫似的深宅大院，都是雕梁画柱。有许多祠堂，也都金碧辉煌。

70年后，喜洲依然整齐。镇中心是个四四方方的广场，叫四方街，各色摊子卖喜洲粑粑、豌豆粉、布扎娃娃和扎染布。严家大院的大门便对着四方街，三进院子，都是精雕细刻的木楼，后花园一座西式小洋楼。不管是木楼还是洋楼，无人居住久矣，正在修葺中，不过，院子里的桑树、木槿、梅子葱郁茂盛。喜洲人善经商，主要经营药材、布匹、茶叶，形成了号称"四大家""八中家""十二小家"的商人群体。所以，全镇有明代、清代、民国以及当代各个时期各具特色的上百院白族民居建筑，俏丽飞檐，白色墙壁，手绘上各种图案，充满了水墨情调。四条主要街道通往镇子各处，又衍生出无数街巷彼此相连，像蛛网，像八卦阵，把房屋和人脉密密箍在一起。

沿一条街慢慢走，路面整洁，沿街沟渠流淌着溪水。走进一条小巷，随意抬头看见的一家是进士第，曾经的雕梁画柱已随着岁月色彩剥落，别有沧桑韵味。石板路的缝隙里生出茸茸青草，一个穿着靛蓝褂子包着粉蓝底洒满暗紫花朵的头巾的大妈蹲在巷子的尽头做煤饼，耳垂挂着晶亮的黄金与翡翠相间的耳环，她回头看到我，我们相视一笑。

> 妇女的装束略同汉人，但喜戴些零七八碎的小装饰。很穷的小姑娘老太婆，尽管衣裙破旧，也戴着手镯。草帽子必缀上两根红绿的绸带。

岁月和苍山的水一起流过，女人们还是那么地美。

巷子里时时有女人走过，年轻女子穿着白色裤褂，袖口与裤腿上镶了繁丽的红花绿叶刺绣花边，大红坎肩，年长些的女人则是蓝布裤褂，紫红或者暗红坎肩，一例的手腕上带着翠绿玉镯和白亮亮银镯子，腰间束着花团锦簇蝴蝶乱飞围裙，扎围裙的带子绕到身后打个结扣再长长的垂下，带子上亦洒满花儿。

她们安静走着，对面迎上，不管认识与否，在唇边含一点笑，拥挤处侧一侧身。有女人负了大捆柴草，从背后看去，柴草几乎把整个人掩住，用一根绳子捆好柴草勒在额头上，弯着腰，极慢走着，看到陌生人便羞涩一笑。傍晚时分，这背回来的柴草就噼噼啪啪点燃了，热出一锅香喷喷的饭菜，淡白的炊烟从屋顶飘到田间。

老舍在喜洲的晚饭也该端上了桌吧。

住了四天,天天有人请吃鱼:洱海的鱼拿到市上还欢跳着。"留神破产呀!"客人发出警告。可是主人们说:"谁能想到你会来呢?!破产也要痛快一下呀!

洱海水好鱼也好,只清水放进一棵葱拍两块姜煮上一锅鱼,半个小时后,便成奶白的香气萦绕的一锅汤,鱼肉鲜嫩,有甜丝丝的味道。此地喜欢酸辣做法,酸味来自青梅和黄澄澄的木瓜,汤面上飘一层红艳艳的辣椒,舀一勺汤拌在米饭里,一边吃,一边说着那句洱海边的谚语:家财万贯抵不过鱼汤拌饭。

除却洱海鱼的鲜美,让老舍念念不忘的是朋友们的热诚与学校的文化气息。华中大学在文庙和一座祠堂里,学校有电灯,在那些黑夜里亮着。老舍在华中大学和五台中学做了讲演。老舍和五台中学之间,彼此留下了深刻的印象。

我想不起,在国内什么偏僻的地方,见过这么体面的市镇,远远的就看见几所楼房,孤立在镇外,看样子必是一所大学校。我心中暗喜;到喜洲来,原为访在华中大学的朋友们;假若华中大学有这么阔气的楼房,我与查先生便可以舒舒服服的过几天了。及仔细一打听,才知道那是五台中学,地方上士绅捐资建筑的,花费了一百多万,学校正对着五台高峰,故以五台名。

70年后,我走进五台中学,校园中心是个月形湖,前面有曲折雅静的廊亭,后建有高大的"华中大学西迁办学纪念碑",两旁是教室。华中大学给喜洲留下了一段美好的回忆。还有人记得老舍吗?多年之后,喜洲人回忆:"请名家来作报告,也请了老舍,全校老师、学生都爱听,他讲得好。我记得特别清楚有两句话,一是他讲什么是文化,不是读书写字才是文化，喝饭穿衣都是文化！这种理论当时学生听着很新鲜。他又说中国的说书先生会讲故事，讲武松，只潘金莲下楼这个情节，说书先生说了一个星期了，潘金莲才走了两个台阶。"

演讲时候的老舍是多么幽默风趣。抗战时期，老舍经历的各项事务无不粗砺鄙陋，国破家残，文协经费捉襟见肘，更有重重人为的阻力令他心力憔悴。在喜洲，老舍能够轻松地谈文化谈文学了，明显的，老舍心境舒展开来了。

游了一回洱海，可惜不是月夜。湖边有不少稻田，也有小小的村落。

也游了一次山，山上到处响着溪水，东一个西一个的好多水磨。水比山还好看！苍山的积雪化为清溪，水浅绿，随处在石块左右，翻起白花，水的声色，有点像瑞士的。

喜洲苍逸图书馆与大青树

舒乙先生一家在喜洲

在喜洲，老舍不再想起他的故乡北京，不再想起他盛赞的昆明，而是他想起了年轻时代游历的伦敦和瑞士。不到30岁的老舍漂洋过海到伦敦大学的东方学院做讲师，第一次感受到了现代理性规约下的城市发展，古老中国所匮乏的生气和力量，令他印象深刻。瑞士，这个和平的美丽的国家，在二战的炮火纷飞中，几乎是所有人的终极梦想。此刻的伦敦与瑞士，不再是一个城市一个国家的名字，而是一个表征着诗意栖居的文化符号。

老舍在战火中疲惫的心灵在喜洲有过安静的睡眠和彩色的梦吗？

我轻轻叩问喜洲清凉的空气。

随老舍曾经的脚步走过苍逸图书馆，看见一株巨树。白族的村寨喜欢在村口种两棵大青树，叶子终年碧绿，极快就能长成枝繁叶茂的大树，树下是村人们商议事情或者乘凉休憩的好地方。这棵大青树有几十米高，傍晚，千只白鹭从四面八方飞来，翅膀飞翔的震动与归巢的鸣叫和着炊烟成尘世自然的喧嚣，它们栖息于此。

喜洲的人们便在这喧嚣的傍晚等待着一如既往极安静的夜。

老舍是否找到了他一直追寻的安宁？

4

1946年3月，早春天气，城外的油菜花在微雨中闪亮摇曳，老舍挥一挥衣袖，作别天边云彩。

抗战结束了，老舍却不能停下脚步在自家的小院里休憩。他离开重庆的家，和曹禺乘坐美国的运兵船"史葛将军"号起程从上海出发向大洋彼岸的新大陆驶去。当时老舍的代表作《骆驼祥子》被译成名为《一个洋车夫的罗曼史》的英文小说，以其深沉的语调、优美的文笔和异域的风情吸引了许多美国读者，畅销一时。老舍本人在八年抗战中一直是

老舍在美国耶鲁大学与曹禺合影

"中华全国文艺界抗敌协会"的主要负责人。这次远行是作为中国的文化名片应美国国务院邀请进行讲学和访问,其政治意义不言而喻。

当他们离开重庆动身赴美之时,张治中将军设宴送行,周恩来、冯玉祥、郭沫若、冰心等作陪。有记者问老舍对赴美讲学有何感想时,老舍开玩笑说,此次赴美是"放青儿",好比是一头骆驼,春天到张家口外去吃青草、换毛,然后马上回来,以做更长途的跋涉和承担更沉的负重。他们到上海后,上海文艺界也举行了盛大的欢送会,有一百多人参加,并留有合影。起程前,美驻华大使馆也为老舍和曹禺举行了鸡尾酒会。

3月20日,老舍和曹禺抵达美国西海岸城市西雅图,稍做休整后,又经芝加哥,于29日抵达华盛顿,向美国国务院确定了讲学和访问日程。在以后的半年时间里,转了大半个美国,先后访问了华盛顿、纽约、科罗拉多、新墨西哥、加利福尼亚等地。

老舍初到纽约时,闲来无事在旅馆和电影院大门前散步,遇到一位主动攀谈的洋老头,洋老头鹤发童颜,举止优雅。老人耐心地替这位外貌谨慎的东方人解答各种问题,老舍听得津津有味。一会儿,洋老头问老舍可否乐意溜达几个街区,陪他去取东西,老舍欣然应允。两人从50街往南,边走边谈,走过十个街区,来到34街梅西百货公司旁边一家商店门前。洋老头说原与那位朋友约好携款来取手表，现在朋友没来，身边现款不够，回去拿又太麻烦，问这位萍水相逢的知己"My friend"暂借50元，回到旅馆立即奉还。"喏，就在这家，请在外面稍等，我去去就来。手头这东西索性麻烦你替我拿一下。"既有抵押品，还怕什么？况且和这位慈眉善目的洋老头已经交谈了半天，应该不会有诈。老舍马上掏出50美元递过去，顺手把那个沉甸甸的包裹接过来，乖乖地站在路旁浏览纽约街景。就这样站在街头，左等右等，友善的洋老头始终不见出来。老舍心说不好，走进那家商店一问，洋老头从后门早就逃之夭夭杳无踪影了。再打开包裹一看——几层破报纸和一块砖头。老舍想一想来龙去脉，不由得哈哈大笑起来，原来在异国"上了一当"！

老舍和曹禺开始了他们的讲学。老舍讲题为《中国文学之历史与现状》《中国艺术的新道路》等，曹禺做《中国戏剧之历史与现状》，引起了美国人对中国文艺的关注和兴趣。老舍以幽默的语言优雅的风度征服了很多美国听众。不过，遇上一些自傲和盛气凌人的美国人的时候，老舍会表现国人的高傲。在一次集会上，一个美国人"关切"地问老舍和曹禺："你们希望美国政府如何帮助中国？"平时一向待人温和、幽默的老舍，极其严肃地说："我希望你们美国军队赶快从中国退出！"

老舍和曹禺赴美讲学期间正值美苏在联合国安理会上为"原子弹秘密应否公开"吵得不可开交的时候。国内各政治团体的反应则泾渭分明，要么"亲美"，要么"亲苏"。就在这个敏感时期，老舍和曹禺应邀出席了一个关于原子能的会议，会上老舍与曹禺被问道："应不应该将原子秘密向苏联公开？"老舍反对原子武器屠杀和平人民，所以他回答说不应该将原子秘密扩散，美国一些媒体为了吸引眼球便断章取义报道老舍反苏。

当时国内并不了解事情的真相原委，曾与老舍并肩战斗过的老朋友郭沫若、茅盾、田汉等都撰文对老舍表示了谴责之意。郭沫若写道："想起了聪明的老舍先生。前几天，在比基尼试验之前，报上载他在美国一个关于原子能的集会上的演说。他主张美国一面保持原子弹的秘密，一面同苏联谈，要这样苏联才肯谈。苏联是现实主义者，假使原子弹的秘密公开了，那苏联便不会谈了。这有点不像聪明的老舍所说的话。但也有的朋友说，这正是老舍所会说的话。我自己依然保留着这个判断，我相信老舍先生是不会说这样的话的。不过，假使老舍先生真是说过这样的话，那我真要替他同情，恐怕他目前不仅在失望，而且在失悔了。"茅盾亦写道："原子弹外交成为某些人的'王牌'，甚至本来不预备谈政治（在重庆将赴美时，老舍这样在文协欢送会上说）的老舍先生，也在'试验'的前几天说苏联之所以要和美国谈判，是因为美国有原子弹（合众社电）。"

这些文章传到了美国，老舍看到自己肝胆相交的老友居然不察内幕便横加指责觉得非常伤心，一气之下写信请辞"文协"理事职务并退还1944年"文协"资助的药费。

自1937年8月，老舍南下，抛家别妻，几次九死一生。他为抗战付出了能付出的一切，他在齐鲁大学的教职，他在山东的小家，他在北平的母亲，他钟爱的文学写作，像一只骆驼，驮起了属于他与不属于他的种种重负，行走在荒漠之中。老舍为抗战所做的一切并不为了谋求政治地位与金钱，他多次提及不谈政治，他的付出是为了他的祖国。可是，昔日朋友们居然为了一件尚未查实的小事便对他挥起了指责的大棒，毫不考虑他的人品他曾经为国家为民族做过的一切。这个误会是对老舍品格的一种怀疑与侮辱，这恰恰是老舍最不能忍受的。党派的车轮呼啸而过，个人理念、尊严、情谊、独立、自由、宽容、反思统统被碾成了碎片，故乡友人的面孔变得陌生遥远，老舍成了大洋彼岸的孤独的旅者。这个误会像最后一根稻草压垮了老舍疲惫的神经，其中的心灰意冷谁能明白？

1946年12月9日《文汇报》副刊《浮世绘》上发表了一则关于"老舍否认原子谈话"的报道："曹禺老舍去美国讲学，将近一年，报间偶记彼等行踪，皆略而不详。正当举世纷纭，大议原子弹的时候，美国通讯社曾传老舍谈话，主张原子弹应守秘密，以出制苏联。以其不类此幽默作家口吻，群为惊怪。最近随冯玉祥氏挟国的吴组缃，到美以后，询及老舍，才知误会。据老舍自云，曾旁听欧美科学家讨论原子问题，事诚有之，但他们所讲的，多为科学术语，且多欧洲方言，听还听不懂，岂有班门弄斧，发表谈话的道理。

至于曹禺，到美之后，时有信札寄国内友好如佐临张骏祥等，据闻在美生活，不甚惬意，遇上问及中国政治问题，尤为奇窘，最近决定将于年内取道返国。"

年底，中国已陷入内战之中。曹禺按原计划回国，老舍却留了下来，一方面是因为他需要完成《四世同堂》的第三部，另一方面，老舍何尝不是因为无奈的彷徨，他不知道回国后还有什么政治大棒挥舞过来。在纽约24大道83西街118号租了两间公寓房，老舍整天坐在斗室里进行艰苦的写作，冷冷清清，过着一种既紧张又十分孤单的生活，他潜心

老舍作品《鼓书艺人》

创作，无论是小说、戏剧还是翻译都有不小的收获。这一时期，老舍完成了著名的长篇小说《四世同堂》的第三部《饥荒》，长篇小说《鼓书艺人》，话剧《五虎断魂枪》，小说《唐人街》。除了《四世同堂》和《鼓书艺人》以外，老舍还组织了《离婚》《牛天赐传》的翻译，加上1945年的《骆驼祥子》，这样先后有5部作品被集中地介绍给欧美读者。可以说，在某种意义上，欧美读者知道中国现代的文艺是始自老舍的。

几十年来颠沛流离的生活，给老舍的身体埋下了许多病根。抗战时期，重庆物质极度缺乏，营养严重失衡，更使老舍健康恶化。1948年底，他坐骨神经病开始发作，1949年4月，住院进行治疗。石垣绫子是他在雅都时结识的日本友人，知道老舍住院做手术，前去探望老舍。老舍病卧他乡，忧念故国之情溢于言表，石垣听了也为之心动。

1949年6月，全国第一次文代会召开在即，周恩来向远在美国的老舍发出了召唤。根据他的指示，由郭沫若、茅盾、曹禺、田汉、冯雪峰等三十多人签名写了一封邀请信，经过秘密渠道送到了老舍手中，老舍一方面做着《四世同堂》等书的翻译、出版工作，一方面做准备回国。10月1日，新中国成立，老舍收到曹禺遵总理指示给他写的邀请信，收信后立即整装回返。12月9日老舍终于来到天津，12日，返回了阔别14年的故乡北京。

老舍是个天真的孩子，他宿命般别无选择地热爱他的故乡。如今，他听到故乡温暖的召唤，曾经的委屈立刻烟消云散，他像一片快乐的叶子，回到了树根的身边。

老舍终于结束了他的远行，从此，他再也没有长久地离开过故乡。

烟火尘世

满月的小猫更可爱，腿脚还不稳，可是已经学会淘气。一根鸡毛，一个线团，都是它们的好玩具，耍个没完没了。一玩起来，它们不知要摔多少跟头，但是跌倒了马上起来，再跑再跌。它们的头撞在门上、桌腿上，彼此的头上，撞疼了也不哭。它们的胆子越来越大，逐渐开辟新的游戏场所。它们到院子里来了，院中的花草可遭了殃。它们在花盆里摔跤，抱着花枝打秋千，所过之处，枝折花落。你见了，绝不会责打它们，它们是那么生机勃勃，天真可爱！

1

老舍想要一所房子，一所安静的房子，可以让他潜心写他想写的故事。

老舍想要一所房子，一所温馨的房子，可以结束他自1937年开始的漂泊旅程，在故乡安居。

1949年底,老舍终于回到了故乡北京。他西装革履拄着拐杖,可是他心里特别惦记着去胡同口吃碗炒肝儿。

回国不久后,他被任命为政务院文教委员会委员,并当选北京市文学艺术工作者联合会主席。在征得周恩来总理的同意后,老舍请他在美国的出版代理人寄回五百美元版税,换成一百匹布,买下了东城区迺兹府丰盛胡同 10 号的一所小院(现在是位于灯市口西街的丰富胡同 19 号)。修缮之后,老舍和刚由四川返回北京的家人于 1950 年 4 月搬了进去,一家人从此在此定居。

这是一座普通的北京旧式小院,小小的黑门开在东南角,一进门是个小小的过道。每逢夏日,老舍常在此摆一小桌,上置茶壶茶碗,供路过的街坊邻居歇脚。小院四周原为市井小巷,街坊多是平民百姓,像运煤的工人、街道的大妈、送信的邮差、卖冰棍的大嫂、修房的瓦匠、卖报的小姑娘……闲暇时候,老舍常坐在这里与大家聊天。

二门朝南,迎面有一座很少见到的五彩木影壁。

老舍故居的大门　　　　　　　　丹柿小院的五彩木影壁

第三季 秋

丹柿小院

1953年夏，老舍一家人在院中合影
（左起：老舍、胡絜青、舒立、舒乙、舒雨、舒济）

西边和北边还各有一院。西边院是一个狭长条，有几间房；北院是一个三合院，是这座院子的主要部分。东西厢房各三间，北房三间，东次间是卧室，明间和西次间为客厅。刚买来的时候是一所旧宅院，墙体屋顶要修补、抹灰；院内门窗要重上漆；屋内顶棚、墙面需要刷上白灰，四白落地。这些活儿全是按老北京传统规矩做的，与大多数北京四合院没有两样。室内却与众不同，凡露出木头的地方，如柱子、木隔扇、窗台、窗框、门等，一律涂上了浅绿色的油漆，而没有用传统的木本色。这是老舍的独创，老舍喜欢绿色，浅绿色让屋内光线更明亮、更柔和，让人感到一些安静和舒适，因为这是大自然的颜色。老舍想让他自己和家人朝夕生活在淡淡的绿色的氛围里。

1954年春天，老舍在小院亲手栽下了两棵柿子树，每到秋天，树上结满火红的柿子，老舍夫人胡絜青给小院起了一个特别有画面感色彩感的名字："丹柿小院"。记得2009年，舒乙先生游丽江黑龙潭的时候，导游指着一棵一人抱粗的树说：请大家看这棵树，它的树皮裂成一个个方块形，我们叫他麻将树，摸一摸打麻将会发财哦！舒乙打量了一会儿麻将树，恍然大悟说：这是柿子树啊。回转头来对女儿舒悦说：我们家应该叫麻将小院。

丹柿小院里种满了花草。老舍爱花，小时候，家里就种了枣树、石榴树和夹竹桃，时时浇水。老舍当校长的小学里，校长室门外放的是大荷花盆，里面养着鱼。他常常带小孩子们去中山公园，到了那里，他让孩子们排好队，向盛开的鲜花脱帽鞠躬。他对花草，对植物，对大自然有近乎崇拜的情感。在济南，在青岛，老舍也总是在租住的院子里养花，在花影下喝茶。现在，有了属于自家的小院，老舍养了更多花，菊花、昙花、山影、令箭、荷花、银星海棠……盛夏时，绿树成荫，花木葱茏，微风吹过，花香随着风儿漂浮。秋天，院子里一百多种、三百多棵菊花姹紫嫣红，争奇斗艳，来访的客人进门就夸"好香"！

老舍夫妇

花儿分根了,一棵分为数棵,就赠给朋友们一些,看着朋友们开心,自己也快乐。

劳埃德·莫里斯说:跃动的快乐——不仅是满足或惬意——会突然到来,就像四月的春雨或是花蕾的绽放。然后你发觉智慧已随快乐而来。草儿更绿,鸟儿的歌声更加美妙,朋友的缺点也变得更加可以理解、原谅。快乐就像一副眼镜,可以修正你精神的视力。

老舍的感受大概也是如此吧。

柿子熟了,要挨门挨户去送给朋友,叫"送树熟儿"。老舍写作疲倦时,就到院中和胡絜青一起整理花木,过着城市里的乡村的生活。老

老舍在家中

舍照顾着花草们，花草也用自己的方式照顾老舍。老舍工作的时候，总是写了几十个字，就到院中去看看，浇浇这棵，搬搬那盆，然后回到屋中再写一点，然后再出去，如此循环，把脑力劳动与体力劳动结合到一起，有益身心，胜于吃药。要是赶上狂风暴雨或天气突变哪，就得全家动员，抢救花草，十分紧张。几百盆花，都要很快地抢到屋里去，使人腰酸腿疼，热汗直流。第二天，天气好转，又得把花儿都搬出去，就又一次腰酸腿疼，热汗直流。流汗过后，身心舒泰。

叶浅予先生曾经画过一张老舍的速写像，画中老舍周围全是花，他像个老花神。

老舍终于有了一所房子，面朝小院，春暖花开。

2

老舍喜欢吃花生，大花生，小花生，大花生米，小花生米，糖馇的，炒的，煮的，炸的，各有各的风味，都那么好吃。同样是零食，瓜子是薄薄的一片，壳子还容易夹到舌头，不解饿又味道淡。花生多大方，浅白麻子，细腰，曲线玲珑。剥开壳儿：一胎儿两个或者三个粉红的胖小子，脱去粉红的衫儿，象牙色的豆瓣一对对的抱着，上边儿还结着吻。吃一颗，干松酥软！

"等我有钱了，豆浆买两碗，喝一碗，倒一碗。"穷人渴望变富后会做什么事情，在那个以解决温饱为主的年代里，这个笑话流传了很久，表达出淳朴又可爱的愿望。老舍可是早在几十年前就创造了类似的段子：

我是个谦卑的人。但是，口袋里装上四个铜板的落花生，一边走一边吃，我开始觉得比秦始皇还骄傲。假若有人问我："你要是作了皇上，你怎么享受呢？"简直的不必思索，我就答得出："派四个大臣拿着两块钱的铜子，爱买多少花生吃就买多少！"

老舍会充满天真童心地带着孩子们一边玩一边吃。花生可以夹在耳唇上当耳环，几个小姑娘就能办很大的一回喜事。小男孩若找不着玻璃球儿，花生也可以当弹儿。玩了之后，剥开再吃，也还不脏。一把花生可以玩半天。

对老舍而言，人生的乐事莫过于阴雨绵绵的下午，盐煮小花生，四两玫瑰露，诗句都是脆生生香喷喷的。冬夜，早早地躺在被窝里，一面看着《水浒》一面嚼着些花生米，花生米的香味，被窝里的暖气，武松气势汹汹地打着老虎！

老舍并不是个挑吃挑喝的人。在他眼里，最好吃的：早饭———豆浆油条；午饭———炸酱面；晚饭———酱肘子夹烧饼，还有小米粥。他很能将就，只要能按时吃饭就成。

可是对朋友，老舍却毫不吝啬。在武汉和重庆的时候，老舍全靠写作谋生，生活相当艰难。不过，遇到朋友来访，老舍总是极力邀请朋友到小饭馆一叙，诸如：

"我找到一个北方小面馆，物美价廉，去尝尝吧。"

"咱们还是边吃边聊吧，我认识一家熟铺子。"

"今天我来付钱,谁叫我多少比你宽裕一点呢?"

有朋自远方来,不亦乐乎?抗日战争中,老舍在北碚,"歪毛儿"罗常培由昆明来访,老舍就去卖了一身旧衣裳,请朋友吃一顿小饭馆儿。可是,罗常培正闹肠胃病,吃不下去。于是,两个人相视苦笑良久,可是朋友的心意却暖入肠胃。

叶圣陶先生在日记中曾写道:"老舍尝谓盛宴共餐,不如小酒店之有情趣……共谓数十年之老友得以小叙,弥可珍也。"

老舍来自于北京的平民阶层,他用作品叙述平民的故事,他的内心始终是一片平民情怀,他喜欢"实而华"的风味。老舍在品尝山西的猫耳朵后,啧啧称赞。猫耳朵是一种古老的莜面食品,把和好的莜面用拇指一个一个地推成猫耳朵似的薄片,下锅在急火上煮熟,放入佐料即成。煮熟的猫耳朵玲珑晶莹,边缘微卷,中空而圆,不但好看,吃起来筋道耐嚼,滑圆爽口,十分有味。老舍为此写了一首诗:"驼峰熊掌岂堪夸,猫耳拨鱼实且华。四座风香春几许,庭前十丈紫藤花。"

在北海公园的中心,在琼岛长廊的北段,有个饭庄叫"仿膳"。正门上悬着的老舍题写的饭庄大名。1959年,周总理提议将仿膳饭庄从北海的北岸迁到现在的漪澜堂经营,漪澜堂曾是乾隆皇帝接见外国使臣、赐宴文武百官的地方,在这里搞皇家御膳再合适不过。仿膳迁到了漪澜堂,名店没有名人题写牌匾是说不过去的,有人建议请郭沫若先生来题写,郭老很谦虚,说他的字太狂草,不适合仿膳这种宫廷特色的饭庄。郭沫若说老舍的字很工整,而且他是旗人,请他写更合适。老舍便认真地写了"仿膳"两个字,这两个字一直镶刻在仿膳饭庄大门的两边。老舍喜欢这个地方,也很欣赏仿膳的菜和点心,除了有宴会之外,他自己也常常带孩子来吃饭,还要把肉末烧饼揣回家来。看得出,他满意"仿膳"求他题匾,也满意自己为仿膳题写的字。

老舍爱吃一道小菜,叫"芥末墩儿"。这是地道的百姓菜,过年吃

老舍与赵树理、王亚平在家中聊天

得油腻，需要换换口味，芥茉墩儿最好不过了，清爽，利口，解腻，很多人都喜欢。老舍与胡絜青刚结婚的时候，头一回单独以小家庭的形式过年，他就提出来想吃家乡菜"芥末墩儿"。夫人胡絜青很麻利地买来了大白菜、芥末面儿、糖、醋和大绿瓦盆，失败了三回，第四次终于做好了。原来，做芥末墩儿要掌握好三条：首先，是白菜要选重的，沉甸甸的，抱心抱得紧的，而且要长得细长的，只取用下半截，要帮子，叶子部分少用。其次，将白菜横切成一寸厚的菜墩儿之后，放在漏勺上，用汤勺舀沸水淋浇三次，不可多浇。最后，将浇好的白菜墩儿码在盆里，每码一个都要盖好盖子，码完整整一层之后，撒上芥末、糖，并加上米醋，立即盖上盖儿；再码第二层，再撒一次芥末、糖，加米醋，一直到摆满一盆为止，盖好盖儿，盆外上下左右包上毯子或者小棉帘一类的保温材料，让芥末"发一发"，搁上三天，便可以取而食之了。没有这一道"捂"的工序，芥末墩儿做出来不辣，不"冲"鼻子。有"冲"味儿，才够痛快淋漓，合不上嘴！后来，这道菜成了丹柿小院的压轴菜，一盘这样的芥末墩儿端上来之后，往往是风卷残云，顷刻之间就被抢光，有的人还端起盘子，把汤也喝下去！吃到这个份儿上，老舍必高叫一声：再拿一盘来！

有了丹柿小院后，老舍常常把小饭馆的菜叫到家里来。有一次，菊花盛开，他特意请了赵树理、欧阳予倩等好友来赏花。到吃饭时候，只见一个老伙计提着两个大食盘走进院来。这种大食盒有三尺直径，呈扁圆状，内分格。打开盖一看，里面分装着火腿、腊鸭、酱肉、熏鸡、小肚，都切成薄片，很是精致。在北京，这叫做"盒子菜"。大家吃得兴高采烈。饭后，桌子一撤，余兴开始，老舍打头，先来一段京戏《秦琼卖马》，赵树理站在屋子中间，仰天高歌上党梆子，声音又尖又高："清早起来，出得门来，大腿朝后，屁股朝前！"把大家逗得前仰后合。

3

老舍看起来是个文弱书生的模样，因为腿疾的缘故，常年拄着拐杖。谁曾想，他平时喜欢练武术呢！

老舍自幼体弱。22岁那年，一场大病几乎要了他的命。病愈之后，他就开始练习武术来强身健体。最早是练剑术。老舍不仅会舞剑，而且舞得颇有心得，并且和画家颜伯龙先生一起编了本《舞剑图》，老舍比划并配文字，颜伯龙一旁作画。这《舞剑图》应该是老舍的第一部"书"。1921年5月中旬，北京市举行全市小学联合运动会，这本《舞剑图》被刊印出来，并免费发放。

1930年，老舍先生由英国转道新加坡回北平。《学生画报》的记者陈逸飞先生去拜访他，见他一个人正在家里跳一种奇怪的"舞蹈"，一会儿学小燕子飞来飞去，一会儿学小动物淋雨后抖水的样子，浑身乱颤。陈逸飞奇怪地问这叫哪路拳？老舍说这是昆仑六合拳，并解释说，六合拳流派很多，常见的有峨眉六合拳，还有外家拳与内家拳之分。老舍自己练的是内家，专重气功，不仅能健身，还可以防身。作为见面礼，老舍把一套拳谱送给了陈逸飞，但请陈逸飞不要向外宣传他练武术之事。在老舍先生去世很久之后，陈逸飞才写文章专门记载这一段往事。

在济南的时候，老舍忽患背痛，痛得很厉害，医治无效，大夫无策。这使他下决心加强锻炼，便拜济南的著名拳手马子元为师，开始系统习武。从此，老舍不再间断拳术锻炼。他学了少林拳、太极拳、五行棍、太极棍、粘手等，并购置了刀枪剑戟。抗日战争爆发后，刀棍都丢在了青岛，但太极拳始终没扔，走到哪儿打到哪儿。重庆北碚蔡锷路24号房前有一个大操场，1943年秋至1946年初，每天清晨，人们都可以看见一位戴眼镜的清瘦中年人在操场中央打拳，姿势优美，动作娴熟，功夫到家，这便是老舍。

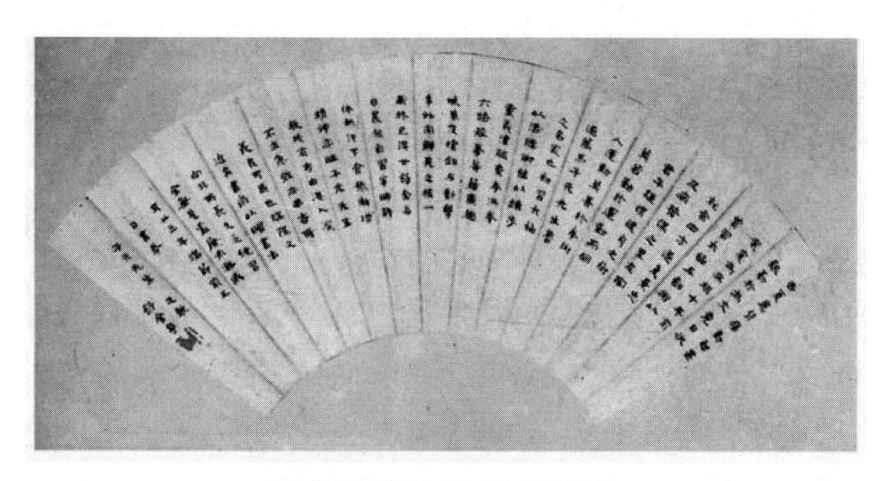

老舍赠回民拳师马子元先生的扇面

由于和拳师们有过交往，老舍装了一肚子拳师们的传奇故事。后来，老舍写了一篇极其精彩的小说《断魂枪》。

老舍写有个干巴老头来挑战沙子龙，老头打了趟查拳：

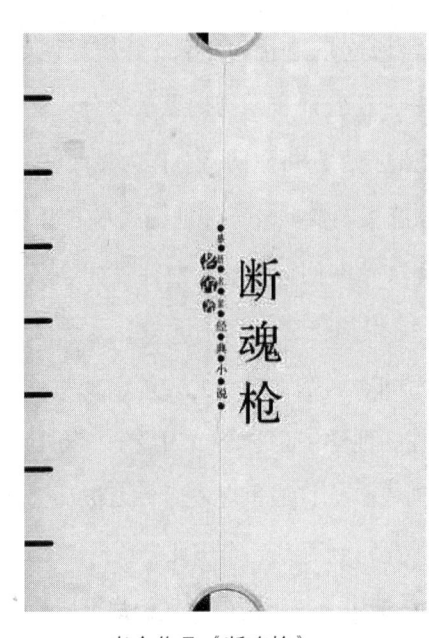

老舍作品《断魂枪》

腿快，手飘洒，一个飞脚起去，小辫儿飘在空中，像从天上落下来一个风筝；快之中，每个架子都摆得稳、准、利落；来回六趟，把院子满都打到，走得圆，接得紧。身子在一处，而精神贯串到四面八方。抱拳收势，身儿缩紧，好似满院乱飞的燕子忽然归了巢。

老舍因为练过拳，才写的如此精彩。

沙子龙在台阶上点着头喊好，依然不肯传枪法。

夜静人稀，沙子龙关好了小门，一气把六十四枪刺下来；而后，挂着枪，望着天上的群星，想起当年在野店荒林的威风。叹一口气，用手指慢慢摸着凉滑的枪身，又微微一笑，"不传！不传！"

故事到此戛然结束，你只听得"不传！不传！"的声音在空中飘荡。老舍在题记里说："生命是闹着玩，事事显出如此，从前我这么想过，现在我懂了。"沙子龙是一个很有悲剧意味的武者，在东方的大梦没法子不醒了的年代，虽然当人面闭口不谈武艺，以"不传"的决绝姿态表达自己的超然淡漠，但每到夜深人静之时，却总忍不住挂着枪，望着天上的群星，想起当年在野店荒林的威风，写尽了英雄末路的悲凉。老舍的本性里有一部分与沙子龙一样，清傲而又刚烈。

老舍虽爱好拳术，但很少谈起，只是偶遇懂行的人才深谈。1965年他访问日本，遇到一位叫城山三郎的日本作家，不知道怎么就扯到了武术，谈得非常投机。城山先生无论如何也不信他眼前这位拄着手杖的瘦弱老者会精于此道，一定要和老舍比试比试，哪怕试试手劲呢。老舍猛出一掌，打了城山先生一个趔趄。城山先生大叫："真有功夫哇！"一时在日本文学界传为美谈。老舍不幸逝世之后，城山三郎先生写了一篇悼念文章，其中还提到了这场不寻常的文人"比武"。

4

老舍写过一篇幽默文章《画像》：

前些日子，方二哥在公园开过"个展"，有字，有画，画又分中画西画两部。第一天到会参观的有三千多人，气晕了多一半，当时死了四五十位。

其实，老舍爱画，爱看画，爱买画，爱收藏画，爱挂画，爱和画家交往，爱讲看画的心得。最早的收藏是在伦敦开始的，由于经济不富裕，仅收一些小画片，包括带画的明信片在内。他常常把这些画片寄回国来赠送朋友。老舍收藏的第一幅国画是白石老人的《雏鸡图》，小鸡画得不无传神，毛绒绒的，活泼可爱；诸多小鸡，姿态各异，老舍喜爱不已，精心托裱成长轴，只在家庭的重大节日才张挂几天。老舍到了武汉之后，和画家来往渐多，藏画也渐渐多了起来。最早出现在重庆阴暗小屋中的画有林风眠先生的山水，赵望云先生的乡间小景，徐悲鸿先生的雄鸡，还有沈尹默先生的字。

因为有这份爱好，老舍写小说《恋》的时候可以细腻地描绘出庄亦雅的收藏心情：

路旁旧货摊上的一张旧黄纸，或是一个破扇面，都会使他从老远就杀住脚步，慢慢的凑到摊前，然后好象是绝对偶然立住。他爱字画。先随手的摸摸这个，动动那个，然后笑一笑，问问价钱。最后，才顺手把那张旧纸或扇面拿起来，看看，摇摇头，放下；走出两步，回头问问价钱，或开口就说出价钱："这个破扇面，给五毛钱吧。"

块儿八毛的，一块两块的，他把那些满是虫孔的，乌七八黑的，摺皱的象老太婆的脸似的宝贝，拿回去。晚上，他锁好了屋门，才翻过来掉过去的去欣赏，然后编了号数，极用心的打上图章，放在一只大楠木箱里。这点小小的辛苦，会给他一些愉快的疲乏，使他满意的躺在床上，连梦境都有些古色古香似的。

老舍是多么喜爱这精致、美丽的艺术品，他认为这些东西都是优秀的文化，应该继承保留下来。

不过，老舍有时候也常常反思这令他陶醉的文化。早在40年代，老舍就写出了这种忧虑：

沧州沦陷了，德州撤守了，敌机到了头上，泺口炸死了人，千佛山上开了高射炮。消息很乱，谣言比消息更乱。庄亦雅决定先下乡躲一躲。别的且不讲，他怕那两箱子画和石谿毁灭在炸弹下。腋下夹着石谿，背上负着一大包袱小名家，他挤出城去。雇不着车子。步行了十里。听到前边有匪。他飞快的往回跑。跑回来，他在屋中乱转了有十分钟。他不为自己忧虑什么；对太太，他简直的不去费什么心思。乡下人有几亩地，地不会被炮火打碎，用不着关心。他只愁石谿与那些小名家没有安全的地方去安置。又警报了。他抱着那些字画藏在了桌子底下。远处有轰炸的声响。他心里说："炸！炸吧！要死，我教这些字画殉了葬！"

你要肯答应作局长，你可以保存这点世上无双的收藏，不但保存，东洋人还可以另送你许多好东西呢!你若是不肯呢!他们没收你的东西,还要治罪——也许有性命之忧吧!怎样?"

好大半天,庄先生说不出话来。

"怎样?"杨先生催了一板。

庄先生低着头,声音极微的说:"等我想一想!""要快。"

"明天我答复你!"

"现在就要答复!"杨先生看了手表,"五分钟内,给我'是',或是'不是'!"

杨先生的一枝香烟吸完,又看了看表。"怎样?"

庄亦雅对着那两只收藏字画的箱子,眼中含着泪,点了点头。

老舍清醒极了,他说:恋什么就死在什么上。

因此,老舍爱画,品画,却从来不是一个画奴。

解放后,老舍有幸和不少当代的大画家成为好友,北方的有徐悲鸿、齐白石、溥雪斋、于非闇、陈半丁、李可染、叶浅予,南方的有傅抱石、黄宾虹、林风眠、丰子恺、关山月、关良。老舍得了一批他们的赠画,又悄悄地买了一批他们的作品,于是,老舍的个人藏画与日俱增。家里客厅的西墙是他挂画的主要阵地,虽然仅能并列四幅中国画,可是老舍像个充满童趣的孩子一样,经常换各种画挂,宛若办展览。在文艺界的朋友们之中,此墙获得了"老舍画墙"的美称。

1951年胡絜青成为给齐老人磕头的正式女徒弟。以后她每星期定期去齐家两次正式学画。她的进步非常快,她的习作频频得到齐老人的夸奖,很快就成了齐老人的得意门徒。由于有这层关系,老舍也经常光顾齐老人的画室,对老人的艺术有了更近一步的了解。老舍喜欢给齐老人出难题,比如某个人的诗句,让他照着这句诗来作画,难度非常高。有一次,老舍选了一组苏曼殊的诗句请老人按诗绘画,一共四句,分别

老舍在家中

是"手摘红樱拜美人"、"红莲礼白莲"、"芭蕉叶卷抱秋花"、"几束寒梅映雪红"。齐老人还为芭蕉叶卷是"左旋"还是"右旋"犯了难，最后在图书馆的植物图谱里才得到答案。画好后齐老人题词："老舍命予依句作画"、"应友人老舍命"等。

没过多久，老舍又以"四诗"向齐老人求画。齐老人在家忙乎了三天，圆满交出答卷。其中那幅《蛙声山泉》画，被公认为是齐白石最好的画幅之一，此画后还被印成邮票，流传全国。

5

老舍，家住东城区灯市口西街丰富胡同19号的小院里，他说他是一个写家。

同时，他还是个花儿匠、美食家、武者、收藏家……

老舍从来不是空中楼阁里不是人间烟火的神仙，他爱这平民的丰富生活，这和平年代里有的温馨、安宁的生活。

尘世中的老舍是如此立体丰富，所以，他对人生的理解才这般宽容睿智。

英国桂冠诗人曼斯尔菲说：快乐的日子，使我们聪明。

灯

我知道北京美丽,我爱她像爱我的母亲。因为我这样爱她,所以才为她的缺点着急,苦闷。我关切她的缺欠正像关切一个亲人的疾病。

北京解放了,人的心和人的眼一齐见到光明。由于电厂有了新的管理法,由于工人的进步与努力,北京的电灯真像电灯了。工人们保证不缺电,不停电。这古老的都城,在黑夜间,依然露出她的美丽。那金的绿的琉璃瓦,红的墙,白玉石的桥,都在明亮的灯光下显现出最悦目的颜色。而且,电力还够供给各工厂。同样的,水也够用了。而且,就是在龙须沟的人们也有自来水吃啦。

1

因为夜的黑,有了灯,豆大的火光,剪破黑暗,夜就不再沉重。人们总是离不开灯光,有了灯,就有了温暖与光明。不过有一类人却不需要灯光,他们的白天和夜晚是一样的,只有一种颜色,那就是黑。失明的人,也就没有了视觉信息,在梦里,也是漆黑一片。

老北京有个三皇庙,民间又叫"瞎子庙"。三间大殿,供奉着三皇佛像,曾经是盲人的家园。盲人是被旧社会遗忘的一个群体,因为视力缺陷,他们在外常受欺辱,甚至被家人嫌弃、遗弃。渐渐的,同命人聚集在一起,相互帮扶着生活。他们落脚在三皇庙里,尚算宽敞的庙宇可以一时遮风挡雨,天皇、地皇和人皇守护着他们,寄托着他们美好的梦想也流尽了他们辛酸的泪水。

丹柿小院离庙不远,老舍在街头经常遇见他们。他们穿得很破旧,一队人相互拉扯着走着,一手拿马竿探路,一手拿乐器,由一名明眼的小孩引路,算命的响器是一面小铜锣,边走边敲。他们这支衣衫褴褛的队伍引起了老舍的注意,他禁不住停下脚步和他们搭起话来:"还没歇着呀?"盲人们听见老舍问话就停下脚步,把脸转向老舍向他答礼。老舍又问:"解放了,大伙儿觉着怎么样?"一位年长的盲人回答说:"我们也翻身啦,都高兴!街面上没人再敢欺负我们了。"老舍接着问:"生活上还过得去吧?"这回,盲人们不说话了,呆了好一会儿。一位年轻的盲人胆怯地嘀咕了一句:"没人再需要我们了……"是啊,解放了,大家思想觉悟都提高了,谁还找他们算命呢!

老舍的心里隐隐作痛,他深知简单的几次接济根本上无济于事,不能从根本上解决问题。必须给他们提供就业门路,这样才能解决他们的生计与尊严。回到市文联后,他把主要干部都找来了,很郑重地和大家协商:"北京有好几百盲人,靠算命过活已经不行了,我们来管管他们吧,别叫他们挨饿受冻!"

大家商议出来的办法是利用盲人的文艺特长,让他们学习新文艺,没有文艺特长的,安排到工厂上班。总之,要让他们学习新思想,逐渐

老舍（左）与冯乃超（中）、阳翰笙（右）合影

适应新社会，掌握谋生的技能。于是老舍开始跑腿了，他给市政府打报告，聂荣臻市长完全同意他的报告，还下拨了一笔专款，并请市委文教书记、女红军、市文联副主席李伯钊（杨尚昆夫人）担任盲人培训班的组织者。

一切酝酿成熟后，老舍笑眯眯地走进瞎子庙，把好消息告诉盲人们，庙里响起一片欢呼声。

1950年底，盲人文艺学习班正式开课了。老舍自掏腰包，买了许多乐器，并第一位登台讲课，他还把作家赵树理和北大教授罗常培也拉来讲课。他跑到北京大众文艺研究会，求他们为盲艺人写新词、新段子。老舍跑前跑后，为培训班给予种种合奏上的指导。忙碌了一天，回到家里，他还要熬夜为他们写歌，编排适合他们演唱的曲目。第一回试唱，他请来所有的盲艺人来到北京市文联大剧院，全体作家当了第一批听众。

一年后，盲艺人学习班结业了。一部分盲艺人组成盲人文艺工作队，到各地巡回演出。老舍满北京跑，为盲人文艺工作队联系演出单位和场所，并说服对方给予一定的演出报酬。另一部分盲艺人被分配到专业文工团当伴奏演员。对没有任何文艺特长的盲人，老舍发动各种社会关系，把他们一个个安排进北京城的橡胶厂、皮革厂、纸袋厂、纸箱厂、印刷厂、服装厂上班。经过老舍一番奔波，北京市几百名盲人均称为国家正式的演员、干部和工人，成为受人尊敬的自食其力者了，一家老小的衣食有了着落。盲人们有了生计和尊严，四十多位搬出了破破烂烂的瞎子庙，住进了灯市口西街条件好得多的房子里，瞎子庙从此再无啼饥叫寒的盲人，他们脸上荡漾起开心的笑容，家里响起了歌声和乐器声。

从这以后，每天晚上，当老舍从市文联下班回家，经过灯市口西街时，住在街上的盲人们都会不约而同地放下手中的活计，点亮家里的灯，然后站在家门口，热情地和老舍打招呼、问好，为他照亮家门口那段路。老舍先生的脚步声，他们从未听错一次。

老舍是这个时代的"大众良心"。他为盲人点亮了一盏生命的灯，盲人为他点亮穿透黑暗的灯。

爱，是一种可以成长的正能量。

2

老舍有很多朋友，遍及各个社会阶层，操各种职业。老舍喜欢交友却不泛滥，自有原则："诚实劳动"。诚实的人是真诚善良的，劳动的人是勤奋而喜欢创造的。对待朋友，老舍是关心无所不至，有求必应，尽力而为。

在重庆的时候，老舍作了篇文章《怀友》，其中有一段是这么写的：

朋友们，我常常想念你们！在想念你们的时候，我就也想告诉你们：我在武汉，在重庆，又认识了许多许多文艺界的朋友，都贫苦，可是都快活，因为他们都团结起来，组织了文艺协会，携着手在一处工作。我也得说，他们时时关切着你们，不但不因为山水相隔而彼此冷淡，反倒是因为隔离而更亲密。到胜利那一天啊，我们必会开一次庆祝大会，山南海北的都会赴会，用酒洗一洗我们的笔，把泪都滴在手背上，当我们握手的时候，那才是我们最快乐的日子啊！胜利不是梦想，快乐来自艰苦，让我们今日受尽了苦处，卖尽了力气。去取得胜利与快乐吧！

除去文艺界的朋友们，老舍还有很多小朋友。马宗融的女儿，最喜欢听老舍先生讲"灰姑娘""七个小矮人"的故事。老舍到冰心家的一次就帮她的儿子找玩具小狗熊，最后，老舍把玩具狗熊由椅子后面捉拿归案。从此，老舍成了冰心家最受欢迎的客人。抗战时，冰心住在重庆乡下，老舍常到她家去，十之八九，手里托着一包花生米或者瓜子儿送给年幼的小朋友。孩子们觉得舒伯伯是最能平等对待他们的人。他和孩子们打听学校的事，关心他们的小猫小狗，和他们一起画画。冰心10岁的儿子接到老舍的一封"告急信"："我的烟快吸完了，但没有钱，你来这里的时候，别忘了，带香烟两吨！"

老舍有出家的朋友，1940年9月，老舍去北碚，缙云寺僧人约他参观汉藏教理院。山上很美，庙里有许多花草。他去了住在竹林外的太虚大师的静室，庙里的法师请他吃素菜，并赠送锅巴两包。老舍在那里讲了《灵的文学与佛教》，发表在佛学月刊《海潮音》上。老舍把日常交往的文艺界朋友的名字缀连在一起，写了一首浑然天成的诗《赠太虚法师》：

大雨洗星海，长虹万籁天。
冰莹成舍我，碧野林风眠。

老舍还有很多老百姓朋友。在重庆，老舍最好的几个朋友中，一位是唱大鼓戏的富少舫，"滑稽大鼓"演员，本名富德山，号少舫，艺名山药蛋。抗日战争时期，他和他的女儿富淑媛（富贵花）曾在重庆演唱过作家老舍等编写的一些表现抗日救亡思想的新曲目。在中国传统文化观念中，"戏子"是社会最底层的"下九流"的职业，但是老舍从不这样认为，他不仅认真跟富少舫学习大鼓，还把富少舫看作是可以性命相托的好友。饿了，到富少舫家吃饭，衣服破了，请富少舫的太太缝补，胡絜青与三个孩子来到重庆，也是由富少舫接待。此外，开饭馆的杨五爷、唱大鼓的董莲枝、拳师马子元等莫不是老舍的知己好友。

老舍先生说：

我的职业虽使我老在知识分子的圈子里转，可是我的朋友并不都是教授与学者。打拳的、卖唱的、洋车夫、也是我的朋友。与苦人们来往，我并不只和他们坐坐茶馆，偷偷地把他们的动作与谈论用小本儿记下来，我没有做过这样的事，而只是要交朋友。他们帮我的忙，我也帮他们的忙；他们来给我祝寿，我也去给他们贺喜，当他们生娃娃和娶媳妇的时节。这样，我理会了他们的心态，而不是仅仅知道了他们的生活状况。

腊月二十三，吃糖瓜。老舍去看评剧，还用手绢包了一包糖瓜儿到后台分给大家吃。老舍说：今儿我过生日，请大家伙儿吃糖瓜。听了这句话，有个姑娘却叭嗒叭嗒掉下了眼泪。姑娘一边抹着眼泪一边说：我从小被贩卖到天津，也不知道自己生日是那天，所以觉得心酸。生日不仅仅是个简单的时间记录，是母爱的标示，是家族血缘的标签。可是这个姑娘，极小的时候就被人贩子从江苏拐卖到天津，失却了父母的怜爱，连生日都丢失了。

老舍说：别哭别哭，你的生日就是腊月二十三，跟我一样，今儿，是咱俩过生日。

这个姑娘就是著名评剧演员新凤霞。后来，她果然用老舍送的日子当作自己的生日，用到了终老。

天下的礼物各种各样，送"生日"做礼物却是个新鲜事儿。不过，还有比这个更新鲜的礼物。过了一段时间，老舍不仅给新凤霞送了个"生日"，还给她送了个如意"郎君"。新凤霞戏唱得好，容貌也美，被老舍戏称为"共和国美女"，艾青赞为"美在天真"。新凤霞的美不仅在外表，还有丰富的内在，她在择偶上很谨慎，要找个有文化的人当丈夫。有心的老舍听了新凤霞找丈夫的标准，一下子就想到了吴祖光。吴祖光出身书香世家，是著名的导演。在一次文化会议的间隙，老舍把吴祖光介绍给了新凤霞，成就了一段恩爱姻缘。

结婚那天，老舍还以女方家长身份当了主婚人。

3

1957年，吴祖光下放到北大荒去劳动改造，新凤霞也受了牵连。一天，老舍碰见了新凤霞，知道她处境很困难，便把她叫过来，悄悄地问："给祖光写信了吗？"凤霞说："没有。"老舍说："不行不行！一定要写！每天写！一天一封！"凤霞听了，不好意思地说："好多字不会写。"老舍说："正好让他给你改嘛！"

吴祖光由北大荒回到北京之后，一次在王府井街上偶然和老舍相遇。老舍把他叫住，拉着手问："什么时候回来的？为什么不来看我？"硬拉着祖光回了家。两个人谈了一会儿，老舍从自己屋里取出一个画轴要祖光看。原来这张画本是吴祖光的藏画，是齐白石大师画的一幅白玉兰花。在祖光去东北劳动的时候，新凤霞生活窘迫，又以为不会再有机会在家里张挂这些字画了，便一赌气，把祖光的字画全部变卖了，其中就有这张画。可巧，老舍在荣宝斋观画，店员拿出齐老人的那张白玉兰要老舍鉴赏，老舍很喜爱，便买了下来。到家仔细一看，发现画轴后面有题字，原来是吴祖光的藏画。老舍指着这张画对祖光说："这是你的画，我把它买下了，留着等你回来再还给你。"老舍又说："我很对不起你，我没能把你所有的画都买回来！"吴祖光的泪落了下来。吴祖光请老舍在画上写几个字，以资纪念。老舍提笔在绫绢上写下："物归原主矣老舍"。这张奇妙的画后来不知怎么样居然躲过了"文革"的大浩劫，一直保留了下来，只是老舍在绫绢上题的字已被损坏。画本身经过裱画师刘金涛的处理，整旧如新，高挂在吴、新夫妇的客厅里。

1957年，吴祖光被划为右派，中国戏剧家协会和中国电影工作者联谊会持续两天召开座谈会，要揭露了吴祖光的反共反人民反社会主义的丑恶面貌。老舍在会上也发了言，题目叫《吴祖光为什么怨气冲天》，一开篇就表明："当我看了有关他的反党、反社会主义的材料之后，我很气愤，觉得过去认识他真是对我的一种侮辱。"列举了吴祖光过去是怎样"把自己伪装起来，玩弄两面派的手法"的具体事例之后，呼吁"同志们，不能温情，要警惕啊！""吴祖光，你这个'翩翩浊世之佳公子'，以前没有出路，现在更没有出路。"

1986年，吴祖光追忆起老舍当初对他的批判，他说："他的批判是言不由衷的，他的内心是痛苦的。"而且，有意思的是，他那时就能"从老舍过去少见到的疾言厉色又夹杂他惯有的幽默讽刺中，却又感到一些异常的温暖"。

那是个疯狂的年代，在对吴祖光的批判中，老舍不是个例，不少人都做了发言。比如，中国戏曲研究院、中国京剧院院长梅兰芳说右派分子吴祖光叫嚣"外行不能领导内行"、所谓"本行领导本行"的论调是想取消党的领导，是一只企图排斥新文艺工作者参加戏曲工作的毒箭。文化部副部长夏衍在发言中指出，吴祖光的反党反社会主义言行，最根本的问题在于他对党、对社会主义制度的立场态度上。他不满和反对五大运动、三大改造，把新社会描写成"漆黑一团""怨气冲天"，他的右派政治面目就完全显露出来了。北影的编辑田庄揭露了吴祖光不可告人的勾当，吴祖光采取煽动个人主义自大狂的手法拉拢他和汪明、罗坚、蔡亮、杜高等人组织起"小家族"，逢年过节常常请他们到家里吃饭散播各种流言蜚语。连新凤霞也在会上感谢党和同志的帮助，给了她力量能站起来揭发吴祖光的反共反人民反社会主义罪行。她揭发吴祖光小集团的成员龚之方、王少燕、杜高、汪明等经常到吴祖光家中散布流言蜚语。文化部副部长钱俊瑞在会上最后发言说，根据近些天大家揭发的材料，证明吴祖光反党反社会主义是有纲领的，有组织活动的，他的反动言行渗透到文化艺术的各方面。吴祖光是企图篡夺党对文艺事业的领导的资产阶级右派分子的典型。

中国作协前秘书长张僖回忆说："那会场真是一个'场'，到了那里，无论是什么样的心态，在那个'场'里，人们的心都被一种无法抗拒的东西牢牢掌握了。我感到人就像一个无法掌握自己命运的木偶。"

许纪霖在探索近代中国知识分子群体人格时，专门指出有一种"外圆内方"的类型："现实是如此的恐怖，人们不可能没有顾虑，或为生命，或为家庭，或为事业，超越生死毕竟是罕见品质，对大多数人来说可谓要求太高。于是近代许多正直而又明智的知识分子在复杂多变的环境中逐渐形成了'外圆内方'的政治性格……'外圆内方'者的内心是分裂的，他们最大的困惑和苦痛就是如何将双重的性格自觉地在现实中加以弥合。为了维护个体的生存和人格的独立，东方国家的知识分子做出了西方人所无法理喻的精神牺牲和无从体味的灵魂煎熬。"

4

老舍是"灯"性格的人物,他习惯点燃自己,散发出柔和的光亮,送给别人一些温暖一些光明。朋友的快乐,便是回报给他的温暖。

老舍虽然朋友满天下,但不入帮,不结党,除非形势所迫,不参与别人发起的什么运动,而且一贯以自己的思想指导自己的创作,很少随波逐流。

老舍真正的朋友是理解他的,胡风说:"舍予是经过了生活底甜酸苦辣的,深通人情世故的人,但他底'真'不但没有被这些所湮没,反而显得更凸出,更难能而且可爱。所以他底真不是憨直,不是忘形,而是被复杂的枝叶所衬托着的果子。"

1960年7月23日,老舍(右)在参加中国文学艺术工作者第三次代表大会时,与主席团其他成员受到毛主席接见,右二为梅兰芳,右三为田汉。

正红旗下

他是熟透了的旗人,既没忘记二百多年来的骑马射箭的锻炼,又吸收了汉族、蒙族和回族的文化。论学习,他文武双全;论文化,他是"满汉全席"。他会骑马射箭,会唱几段(只是几段)单弦牌子曲,会唱几句(只是几句)汪派的《文昭关》(注:汪派——即汪桂芬,清光绪间与谭鑫培、孙菊仙齐名的著名京剧老生。《文昭关》——传统戏剧,演《列国演义》中伍子胥的故事。),会看点风水,会批八字儿。他知道怎么养鸽子,养鸟,养骡子与金鱼。可是他既不养鸽子、鸟,也不养骡子与金鱼。他有许多正事要作,如代亲友们去看棺材,或介绍个厨师傅等等,无暇养那些小玩艺儿。大姐夫虽然自居内行,养着鸽子,或架着大鹰,可是每逢遇见福海二哥,他就甘拜下风,颇有意把他的满天飞的元宝都廉价卖出去。福海二哥也精于赌钱,牌九、押宝、抽签子、掷骰子、斗十胡、踢球、"打老打小",他都会。但是,他不赌。只有在老太太们想玩十胡而凑不上手的时候,他才逢场作戏,陪陪她们。他既不多输,也不多赢。若是赢了几百钱,他便买些糖豆大酸枣什么的分给儿童们。

1

因为历史的误会与伤害，老舍一度把自己旗籍族属悄然隐藏在文字里。像一片树叶，隐藏在树林里。和树林里其他树叶一样，这片树叶伸展着相似的弯曲脉络与碧绿颜色。

不过，老舍始终不能完全掩藏他的身份特色，就像世界上没有两片一模一样的树叶。老舍的字里行间，总是蹦跳出他生命承继先人而来的文化印记。

他喜欢写北京城西部角落里的故事，不管他在英国、美国还是在济南、青岛、重庆、武汉，他笔下的人物大多走在德胜门——西直门——阜成门——地安门这样一个圈子里，上演世间的悲欢离合。这一带是清代八旗驻防区划之内的正红旗驻地，舒家先人便隶属于驻此地界的正红旗籍，老舍是正红旗里一位护军的儿子。

二姐在老舍的文字里是个热闹的人物。这个二姐不是老舍家中的二姐，二姐是个称呼。她是哪儿人，籍贯是哪里，家里以何为生都没有交代。老舍说二姐还没有看过有声电影。

据说有声电影是有说有笑而且有歌。二姐起初不相信，可是各方面的报告都是这样，她才想开开眼。二姐又恰巧打牌赢了钱，于是大请客。二姥姥三舅妈，四姨，小秃，小顺，四狗子，都在被请之列。大家决定午时出发，看午后两点半那一场。

说是十二点走哇，到了十二点三刻谁也没动身。二姥姥找眼镜找了一刻来钟；确是不容易找，因为眼镜在她自己腰里带着呢。跟着就是三舅妈找钮子，翻了四只箱子也没找到，结果是换了件衣裳。四狗子洗脸又洗了一刻多钟，这还总算顺当；往常一个脸得至少洗四十多分钟，还得有门外的巡警给帮忙。

出发了。走到巷口，一点名，小秃没影了。大家折回家里，找了半点多钟，没找着。大家决定不看电影了，找小秃是更重要的。把新衣裳全脱了，分头去找小秃。正在这个当儿，小秃回来了；原来他是跑在前面，而折回来找她们。好吧，再穿好衣裳走吧，巷外有的是洋车，反正耽误不了。

总算不离，三点一刻到了电影院。电影已经开映。直到看座的电棒中的电已使净，大家才一狠心找到了座。

不过，还不能这么马马虎虎的坐下。大家总不能忘了谦恭呀，况且是在公共场所。二姥姥年高有德，当然往里坐。可是二姥姥当着四姨怎肯以老卖老，四姨是姑奶奶呀；而二姐又是姐姐兼主人；而三舅妈到底是媳妇，而小顺子等是孩子；一部伦理从何处说起？大家打架似的推让，甚至把前后左右的观众都感化得直喊叫老天爷。好容易大家觉得让的已够上相当的程度，一齐坐下。可是小顺的糖还没有买呢！二姐喊卖糖的，真喊得有劲，连卖票的都进来了，以为是卖糖的杀了人。

二姥姥一阵咳嗽，惹起二姐的孝心，与四姨三舅妈说起二姥姥的后事来。老人家像二姥姥这样的，是不怕儿女当面讲论自己的后事，而且乐意参加些意见，如"别的都是小事，我就是要个金九连环。也别忘了糊一对童儿！"这一说起来，还有完吗？一桩套着一桩，一件联着一件，说也奇怪，越是在戏馆电影场里，家事越显着复杂。大家刚说到热闹的地方，忽，电灯亮了，人们全往外走。

看座的过来了，"这场完了，晚场八点才开呢。"大家只好走吧。晚上，二姐才想起问三舅妈："有声电影到底怎么说来着？"三舅妈想了想："管它呢，反正我没听见。"

二姐是旗人妇女里常见的一种类型。不过老舍没有明白地写出二姐是旗人而已。二百多年积下的历史尘垢，使一般的旗人既忘了自遣，也忘了自励。旗人们创作了一种繁复礼节的懒散生活，比如，办理婚丧大事的主妇必须眼观六路、耳听八方，随时随地使这种可能产生严重后果的耍弄与讽刺大事化小，小事化无。同时，她还要委托几位负有重望的妇女，帮助她安排宾客们的席次，与入席的先后次序。安排得稍欠妥当，就有闹得天翻地覆的危险。有钱的真讲究，没钱的穷讲究，生命就这么沉浮在有讲究的一汪死水里。

一篇有意思的小文章，有旗人们普遍有的幽默味道。旗人们有着铁杆庄稼做保障，可是也被八旗制度给挟持着，八旗制度买走了旗人的终身自由，不许学种地，不许学手艺活儿，不许干任何别的营生，更绝对不许擅自离开本旗的驻地，只能当旗兵。像关进了笼子里的鸟儿。旗人们精神上的痛苦郁闷啊，所以他们学会了愁里寻欢、苦中作乐。老舍就是在这种融会着复杂生活情调的现实中泡大的，他的作品总是散发着幽默的气息。

2

解放了，北京政府要改造一条臭水沟，老舍知道了这件事情。他亲自去查看了相关情况，他开始写一个故事：

北京的南城天桥东边有一条明沟叫龙须沟。解放前，那是一条最臭的水沟，沟的两岸密匝匝地住满了劳苦的人民，终年呼吸着使人恶心的臭气，多少年了，这条沟没有人修理过，因为这里是贫民窟。人民屡次自动地捐款修沟，款子都被反动的官吏们吞吃了。

初夏的上午，昨夜下过雨，沟里全是红红绿绿的稠泥浆，夹杂着垃圾、破布、死老鼠、死猫、死狗和偶尔发现的死孩子。附近硝皮作坊、染坊所排出的臭水，和久不清除的粪便，都聚在这里一齐发霉，不但沟水的颜色变成红红绿绿，而且气味也教人从老远闻见就要作呕，所以这一带才俗称为"臭沟沿"。沟的两岸，密密层层地住满了卖力气的、耍手艺的，各色穷苦劳动人民。他们终日终年乃至终生，都挣扎在那肮脏腥臭的空气里。他们的房屋随时有倒塌的危险，院中大多数没有厕所，更谈不到厨房；没有自来水，只能喝又苦又咸又发土腥味的井水；到处是成群的跳蚤，打成团的蚊子和数不过来臭虫，黑压压成片的苍蝇，传染着疾病。

老舍在写作

程疯子走过来了，他瘦瘦高高，依稀可以看出年轻时候的清秀帅气，长背头，浅灰色大褂，穿在身上有些晃荡，有些地方已经破了，还有些油渍，但他还当做干净的穿。他手里拿着芭蕉扇，一劲地扇，开口唱着数来宝："想当初，在戏园，唱玩艺，挣洋钱，欢欢喜喜天天像过年！受欺负，丢了钱，臭鞋、臭袜、臭沟、臭水、臭人、臭地熏得我七窍冒黑烟！"他的声音很好听，每当这时候，他的眼睛是亮晶晶的。平日里，他是多么地颓靡啊。

程疯子随口就能来一段数来宝，唱郁闷的心情，也唱充满悲愁的经历。他的出身仿佛是个谜，他识文解字、温文尔雅，绝不像出身贫家。龙须沟的人们只知道他曾经是个卖艺的，有一手出色的曲艺专长。最

老舍作品《龙须沟》

初,他在城里头作艺,不肯低三下四地侍候有势力的人,教人家打了一顿,不能再在城里登台。他到天桥来下地,不肯给胳臂钱,又教恶霸打个半死,把他扔在天坛根。他缓醒过来后就成了疯子!成了疯子后,他也不会攻击人伤害人,他的眼神如同屠场里的羔羊那样无力而恐慌。他喜欢和孩子玩,小妞亲切地叫他疯大爷。他的心就跟孩子一样单纯无辜。他仿佛温室里的花,美丽又柔弱,他从来不懂得递份子钱拜码头这些俗事儿,他也不会用拳脚用牙齿去回击别人的欺压,他只能逆来顺受。在一个污浊的世界里,酱缸一样,干净的人只有疯了才能好过点,否则就只能去死了。

他的娘子摆了个烟摊维持两个人的生活。在娘子的心里,他还是那个舞台上风华绝代的人,明眸善睐,唱腔清亮,迷倒了多少人呢,他简直就是一出传奇。娘子爱他的善良爱他的才气,在他疯了也不肯离弃。

二嘎给小妞拿来两条小金鱼,小妞快乐地简直想唱歌。小妞平时没有任何玩具,她梦里都想着要两条小金鱼,鲜艳的色彩像花朵一样,在绿绿的水草里摇摆着裙裾一样的尾巴。可是丁四嫂给不起买小金鱼的钱,让二嘎把金鱼退回去。小妞子掉了眼泪,透明的眼泪像冰雹砸了程疯子的心。程疯子脱下了大衫,让二嘎拿他的大褂给卖金鱼的徐六抵卖金鱼的钱去。程疯子说:疯子只要小妞不落泪,管什么金鱼贵不贵!他就是这么纯真,他的世界里满是平和,他看不得小孩子掉眼泪。这个世界上保持一点单纯的快乐是多么不易啊,他愿意脱掉长衫,用他不多的财产去交换这一丁点的美好的快乐。

狗子踢了程疯子娘子的香烟摊子，娘子质问狗子：你讲理不讲理？你凭什么这么霸道？走，咱们还是找巡警去！狗子没了理，狗急跳墙地转向程疯子，狠狠地打程疯子几个嘴巴，打得顺口流血，程疯子老实地挨打。他痛，他屈辱，他不断地流泪。可是，他却连躲闪都不会，他也始终举不起手来反击。过往的教育里，他看书识字，他见过多少精致的珍宝，都是那么美。他学曲儿，他沉醉于唱腔与身段，那也都是那么美。他有一切对美的追求和创造，唯独没有学习如何保护这一切，尤其是用武力来保护这一切。所以，他丢失了一切。

解放了。可是小妞没等到那一天，她在下雨的时候掉进沟里淹死了。程疯子在她的小坟头前面摆上小缸，缸儿里装着红的鱼，绿的闸草，慢慢地唱着：乖小妞，好小妞，小妞住在龙须沟。龙须沟，臭又脏，小妞子像棵野海棠。野海棠，命儿短，你活你死没人管。北京城，得解放，大家扭秧歌大家唱。只有你，小朋友，在我的梦中不唱也不扭……

民教馆的同志来请程疯子给大家唱一段。程疯子激动地告诉左邻右舍，请大家出主意想新词儿。程疯子仿佛一棵被雷击了的树，焦黑了半截，人们都以为这棵树死了，可是一个春雨迷蒙的早晨，这棵树长出了新叶子。十几年没有唱了，可是他还是那么地爱着那些曲子，他是在梦里一遍遍温习这些曲子啊。那是他的命，曲子没了，他疯了，曲子回来了，他也恢复了精神。娘子欣慰地看着程疯子，他清醒起来了，他也成熟起来了，他主动要求找份工作来养家了。

打人的狗子来向程疯子道歉了，大家都觉得以牙还牙打狗子一顿才解恨。程疯子却平静地说：你伸出手来，我看看！啊！你的也是人手，这我就放心了！去吧！他还是学不会打人，他容不得这样的兽性与粗鲁。在程疯子心里，有那么一点儿神性的光辉在闪亮，在黑夜的罪恶与丧歌的苦痛里，他用自己的敏感与生命之光把黑乎乎的夜照亮，让美辉煌，哪怕只是一个闪电的瞬间。

好消息接二连三，程疯子找到了新工作。院里按了自来水，程疯子负责看水。程疯子整日快乐地唱着：我的水，甜又美，喝下去肚子不闹鬼。我的水，美又甜，一挑儿才卖您五十元。

政府带领着人们来修沟了。程疯子甘心给大家做后勤，他唱着：四哥！四哥！来，我给你洗脚，你去修沟，你跟政府一样的好，我愿意给你洗脚。赵大爷常说，为大家干活儿的都是好汉。

程疯子是个温和的人，却不是低三下四的人，他是真心拥护政府修沟的政策啊。

龙须沟旁边的杂院已经十分清洁，破墙修补好了，垃圾清除净尽了，花架子上爬满了红的紫的牵牛花。赵老的门前，水缸上，摆着鲜花。丁四的窗下也添了一口新缸。满院子被阳光照耀着。

程疯子为龙须沟编了一段精彩的快板：给诸位，道大喜，人民政府了不起！了不起，修臭沟，上手儿先给咱们穷人修。请诸位，想周全，东单、西四、鼓楼前；还有那，先农坛、五坛八庙、颐和园；要讲修，都得修，为什么先管龙须沟？都只为，这儿脏，这儿臭，政府看着心里真难受！好政府，爱穷人，教咱们干干净净大翻身。修了沟，又修路，好教咱们挺着腰板儿迈大步；迈大步，笑嘻嘻，劳动人民努力又心齐。齐努力，多作工，国泰民安享太平。

程疯子的快板清晰地表达了底层穷人对新旧中国的巨大的感情差异，表现了新政府与穷人群体之间的心理认同和文化自觉。程疯子是一个精彩的艺术形象。他有一手很出色的曲艺专长，坑人的黑社会，断了他的生计，把他逼得疯疯癫癫；他心软、对孩子们特别好，乐意帮助人；他身居贫民窟，可是总要穿着长衫，对人性和人道充满了渴望。这个人物与老北京大杂院里的人那么的不一样，他是一个旗人子弟。老舍的笔，事实上经常在写满族。

穷人和满族末世人的双重身份形成了老舍特殊的成长环境，老舍总是以文学的形式对穷人的劳苦世界及其宿命悲剧进行独创性的审美关照，叙述一个被漠视、遮蔽和践踏的群体——底层穷人的声音。老舍在叙述的时候，总是有着双重复调，他叙述北京底层穷人的不自由、受剥削压迫的命运，他也叙述着北京底层旗人不幸的遭遇。只是，他有时候把旗人故事隐藏了，隐藏在了繁杂的老北京平民故事里。

3

老舍认同人民政府，拥护这个政府。他的旗人亲属，在这个政府下，都能够安居乐业了。自辛亥以后，老舍从来没有这样为旗人高兴过。瑞典人马悦然回忆1957年间曾经在香山饭店和老舍交谈，特别提到他"以极大的自豪感谈到了满族对中国历史的贡献"。差不多也是这时候，毛泽东在全国人民代表大会会议期间对老舍说清朝了不起，尤其是康熙开疆拓土，在满汉民族之间实行"统一战线"等等。憋在心头多年的话，终于被崇高的毛泽东主席代他说出来了。听了毛泽东的话，老舍为抑屈了近半个世纪的旗人兴奋了好久。

树林里有树木也有灌木丛，湖边的沼泽里有天鹅也有野鸭。老舍忍不住要写出旗人的勤恳、善良、纯正、耿直、自尊，尤其是侠肝义胆、凛然无惧的特质。毕竟旗人曾是马背上的民族。

掀开茶馆的门帘，常四爷和松二夜提着鸟笼走进来。屋子非常高大，摆着长桌与方桌，长凳与小凳，都是茶座儿。隔窗可见后院，高搭着凉棚，棚下也有茶座儿。屋里和凉棚下都有挂鸟笼的地方。各处都贴着"莫谈国事"的纸条。

老舍作品《茶馆》

在大清末世的浮糜气息里，他们依然过着习惯了的日常生活。早晨提着鸟笼遛鸟，遛够了鸟后，要到茶馆里歇歇腿，喝喝茶。松二爷文绉绉的，提着小黄鸟笼；常四爷雄赳赳的，提着大而高的画眉笼。

常四爷总是那么雄赳赳的，说话的声音也粗声大气，显出直率勇猛的性格。有人找茬也不怕，常四爷的拳头硬，他能跟找茬的人硬碰硬对拳头。什么二德子、马五爷，他全然不在乎，他不怕打手、不怕洋人也不服气吃洋饭的，他雄赳赳地站在茶馆里，他身上有天塌下来也可以撑住的勇敢和刚强。他瞧不起打中国人的打手，他身上留存的白山黑水的血性与京都培养起来的文明都让他从内心鄙视恃强凌弱的行为。

他的心肠却很软，雄壮的身体里装着一颗柔软的心。一个衣衫褴褛的乡妇领着个面黄肌瘦的孩子来到了茶馆里，她们的衣服破破烂烂，一看就是流浪很久了。孩子是个小姑娘，一双怯而黑的大眼睛，清澈的可以看出人影儿，孩子头上扎着一根草，是出卖的标志啊。这个孩子才卖二两银子。孩子并不清楚自己即将被贩卖的命运，她太饿了，饿得直哭。大家仿佛见惯了这场景，浑然不觉，也有个别人觉得不自在，就扭过头去，像驼鸟一样，看不见就可以当做不存在了。常四爷看不下去，他叫李三拿两碗烂肉面，带她们到门外吃去！他看不得小妞饿，要了饭食给他们吃，他也不想和别人起冲突，只得叫她们去外面吃。他的心像一瓣莲花，干干净净的，不浮躁也不颓废，就这么光亮地盛开着，心底亮堂堂的，没有一点可以躲闪的阴影。

常四爷有铁杆庄稼，他过着衣食无忧的生活。可是，他常常操心。坐在茶馆里，他惦记着一个人身上有多少洋玩意儿啊，洋鼻烟、洋表、洋缎大衫、洋布裤褂……得往外流多少银子！他担忧着乡下是怎么了，这般卖儿卖女。他很爱自己的国家，所以，他看到国家腐败贫困的一面就心疼不已。他激烈地叹息：我看呢，大清国要完！他的内心里却说的是：我爱大清国，我怕它完！他爱大清国，就是因为他是大清国的人。他不因为爱就看不到大清国里腐烂的垃圾，他也不因为大清国的衰败而减少一点爱国的热情。可是，就为这句大清国要完，他被特务带走在牢房里呆了一年多。

从牢房中出来，常四爷干义和团，扶清灭洋。在洋人的炮火里，他拿着砍刀向前冲，像个战神。他不是为了保住铁杆庄稼，是为了护国，可是打了几仗后，大清国没了，铁杆庄稼也倒了。他还是顶天立地的男人，有一膀子力气，换下长袍马褂，穿上短衣，他自食其力卖菜为生。每天起五更弄一挑子青菜，绕到十点来钟就卖光。凭力气挣饭吃，他的身上更有劲了！他还是那么热心肠，听说王利发的茶馆要重新开张。他就在城外抓到这么两只鸡，几斤老腌萝卜给送了来。他的身上落满了城外新鲜的细黄土，他精神极了，像尖顶上还顶着黄花的王瓜，他的眼睛像探照灯那么亮，他是清王朝最后的骑兵，始终站立着挺直了腰板征战、生活。他开始是忠于清朝的，对于清朝的灭亡，常四爷始终有恨铁不成钢的韵味在里面，他自己和洋人打、拒绝洋人、鄙视洋人、排斥洋东西，这些却还是不能够保住大清。闹来闹去，大清到底是亡了。他说"该亡"，说得掷地有声。常四爷不是一般人，他不是愚忠，忠了大半辈子的大清国没了，"该亡！"，多么清醒的认识。没了大清，他爱中国。他说：什么时候洋人敢再动兵，我还准备跟他们打打呢！我是旗人，旗人也是中国人哪！

他的声音像宣誓，庄严而正气浩然。他始终爱着他的国家，如果他是诗人的话，他一定可以写出郭沫若那样热情的篇章。

炉中煤——眷念祖国的情绪

啊，我年青的女郎！
我不辜负你的殷勤，
你也不要辜负了我的思量。
我为我心爱的人儿
燃到了这般模样！
啊，我年青的女郎！
你该知道了我的前身？
你该不嫌我黑奴卤莽？
要我这黑奴的胸中，
才有火一样的心肠。
啊，我年青的女郎！
我想我的前身
原本是有用的栋梁，
我活埋在地底多年，
到今朝才得重见天光。
啊，我年青的女郎！
我自从重见天光，
我常常思念我的故乡，
我为我心爱的人儿
燃到了这般模样！

常四爷渐渐老了，他七十多岁了，挑不动菜了，就拐着个篮子卖花生米。老朋友一个个不是饿死就是叫人家杀了。他忍住眼泪去化缘，化一口只有四块板的棺材发送了朋友，他为清王朝遗留的子民找一个最体面的结局。可是他无法抗拒自然规律而慢慢老去，他已经无力再支撑起即将倾塌大厦的梁柱。他一直盼着国家像个样，不受外国人欺侮。可是，这一天是如此地遥远。绝望之为虚妄，正与希望相同。他蹒跚地走在大街小巷里，家里豆大的灯光照着他在寒凉空气里的孤独影子。看见出殡的，他就捡几张纸钱。没有寿衣，没有棺材，他只好给自己预备下点纸钱祭奠自己。那点纸钱，是他维护的最后的生命尊严的祭奠。

常四爷用尽生命最后的力气，让纸钱在空中飘洒。仿佛大片的雪花飞扬又落下，神啊，你可伏身看见着漫天的纸钱漫天的心愿？他喊着：四角儿的跟夫，本家赏钱一百二十吊！声音高亢悲壮。

老舍终于可以用常四爷苍凉的声音发出无数旗人这一生的质问：

我爱咱们的国呀，可是谁爱我呢？

4

丹柿小院的一个夜晚，父亲、母亲、姑母、小姐姐、定大爷、多二爷、福海二哥向他走来，他们容颜鲜活，语言俏皮，姑母的烟袋锅几乎就扣到了老舍的脑门上。

大清王朝末世的画卷徐徐铺开，这是北平西城里铺满黄土的街道，伙计们忙碌地擦着铺板，含笑招呼客人。熟人们见面有礼数的请安，先看准了人，而后俯首急行两步，到了人家的身前，双手扶膝，前腿实，后腿虚，一趋一停，毕恭毕敬。安到话到，而后，从容收腿，挺腰敛胸，双臂垂直，两手向后稍拢，两脚并齐"打横儿"。挎着小篮儿卖樱桃或者花生豆的十几岁小儿在人群里窜来窜去，一家破烂小院儿里有个瘦弱的孩子用澄澈地眼睛打量着天空飞过去的鸽子。

老舍

老舍作品《正红旗下》

老舍开始写《正红旗下》，他每写完一页，就放进抽屉里去，仿佛小孩子藏起最珍爱的宝贝。老舍谨慎了一辈子，在相当长久的人生道路上，他被动地选择与其同胞们相一致的"吾从众"方式，小心翼翼地遮蔽起旗人的民族意识。现在，他要为旗人做传记了，他不由得笑了，像孩子一样天真热情地笑了。

稿子放进了抽屉里，还有一些话语藏进了心里。老舍以为他能写完，可惜，他最终没有写完这部《正红旗下》。

半部书，像老舍，一生不肯诉说内心隐忍的苦难与热爱。

岁月悠悠，归于尘埃

扶着城墙，他蹭出去。太阳落了下去。河边上的树木静候着他呢。天上有一点点微红的霞，像向他发笑呢。河水流得很快，好像已等他等得不耐烦了。水发着一点点声音，仿佛向他低声的呼唤呢。

很快的，他想起一辈子的事情；很快的，他忘了一切。漂，漂，漂，他将漂到大海里去，自由，清凉，干净，快乐，而且洗净了他胸前的红字。

1

2007年的清明，我手捧着十八只玫瑰，去看一位老人。花儿是老人的儿子选的。

八宝山墓苑用直白的方式说事：

有的人，活着，无人问津如同死了。这个世界上，多数人都如同死魂灵的无声。

有的人，死了，他又用另一种方式继续活着。用显赫的墓碑活在人眼里，那是权势的继续。或者用无形的墓碑，活在思念里。

没有什么比死更为难以回避与掩饰，所以，八宝山无需含蓄。

八宝山势利得近乎可爱。

他在八宝山的一角。他大理石浮雕头像的眼镜掉了，费了很多胶都没有粘好，就索性不粘了。其实，他的眼睛在最后一刻是蒙了无边无际的水，泪水，湖水。

他的儿子，七十多岁了，坐在他的墓前不语，留了一张照片，身后是父母的名字，是否如童年偎依父母膝下。他的儿子试图寻找那一幕的事实真相。可是，事实是什么，那一汪湖水已经被填平，永远消失，那湖的名字还存在，给了另一片水。历史的真实，是拉磨小毛驴眼前的那

老舍研究界专家为老舍墓献花

根胡萝卜，似乎嗅到了萝卜的气息，可是，永远无法接近，只能奔波在疲惫寻踪的路上。真实，是个致命的诱惑。

那天没有下雨，墓园里弥漫着鲜花的芬芳，除了哀思与欢乐的标签，墓园与公园有什么区别。他的女儿，近八十岁的老人，戏言说：清明时节雨不纷，路上塞车欲断魂，借问何处不塞车，警察遥指稻香村。

2007年，如果他还活着，他108岁，跨过两个世纪，18支红玫瑰里寓言着他的生命火焰。可是，他在1966年横死，最终尸骨无存，没人知道骨灰被扔到哪里去了，骨灰也是灰，灰尘总会归于大地。所以，他的灵魂不会在天空下漂泊，他会安息。

2

无数人问过我1966年8月23日至24日发生了什么，他们的神情表明他们认为我可以掌握那一天的秘密。其实，我什么都不知道，因为，我是那个时间又过了10年后才出生的。那时候，我是空中的一颗粉尘，我也许遇到过他的骨灰化成的尘埃，可惜粉尘没有记忆。

我阅读大量的资料，企图找到他与世界告别的最后的身影。那一天，有个叫做傅光明的人，他用口述史做钥匙，开启了一扇沉重的大门。傅光明倾十余年之力走访了几十位老舍之死的见证人。"最初的动机就是想为历史留下痕迹，做历史的书记员。"傅光明对《瞭望新

老舍

闻周刊》说,"只有记录历史、研究历史,才能反思历史。"

傅光明说,在这项研究中他面临巨大困惑:"不同的人有着不同的叙事,有的人明明是在说谎,你又很难去质疑他。有的可能就是道听途说,没有真实性可言。这样的话,哲学意义上的思考将像纸一样不堪一击。而我所做的就是寻找并对照不同的版本,得出自己的叙事。"

傅光明说如果我们对叙述中诸多的矛盾的历史细节做一个梳理的话,我们可以对当时的历史现场做一个粗略的勾勒:

老舍先生1966年8月23日在北京文联被揪出来,紧接着在孔庙被批斗,回到文联又被批斗,遭受了三场批斗。在这样的批斗之后,老舍先生在第二天离家出走了。然后,老舍先生在太平湖投水自杀。

傅光明递给我们一片树叶的脉络,清晰得令人触目惊心。我翻阅着他的博士毕业论文,更多的材料让我陷入沉思:什么这样一位在作品中创造了无数鲜活生命,又给无数生命带来愉悦,如此热爱生活,懂得幽默的老人,会在他遭难的那一天孤独绝望地走去。

3

父亲最后的两天

舒乙

最近,我调换了工作,专搞"老舍故居"的筹建工作和作家著作文献的整理工作。我到职后,第一件事是系统拍摄父亲在北京的足迹。近年来北京建设速度明显加快,估计许多旧房子都会在不久的将来被拆除,因此,需要抓紧时间,抢出一批照片来。这样做,对研究一位生长在北京写了一辈子北京的作家和他的作品来说,大概也是一件有意义的文物档案工作吧。我便约了出版社编辑李君、摄影家张君、老舍研究者王君和我同行,背上照相器材,由我带路,开始奔波在北京的大街小巷之中。

有一天,我们来到太平湖遗址,这是父亲结束自己生命的地方。十八年前,在一个初秋的夜晚,我曾在这里伴随刚刚离开人世的父亲度过了一个永远难忘的夜晚。十八年来,我从来没有来过这里。因为那个永远难忘的夜晚永远装在我的脑子里。我害怕看见那里的任何东西。十八年前发生的事情比恶梦更不合逻辑,更令人窒息和不寒而栗。我倒盼望着它是一场恶梦,好终究有个结束。可是,那一天发生的事情,偏偏不是梦,而是活生生的事实。我尝够了那事实带来的一切苦味,沉重的,只能认命的,无可挽救的,没有终止的苦味。

我还是来了,为的是留下一个让后人看得见的纪念。

这里已经大变样,找不到公园了,找不到湖,找不到树,找不到椅子。十八年前的一切,什么都找不到了。现在,这里是一个很大的地铁机务段,外面围着围墙,里面盖了许多敞亮的现代化的高大厂房。在相当原来太平湖后湖的地方,如今是一大块填平了的场地,铺设了一片密密麻麻的铁轨,很整齐地通向各个车库,轨道总宽足有一百米。我们得到允许,在厂内向西走了很长一段路,来到这片路轨旁。一挂崭新的地铁车辆正好由东边的库房中开出来,从我们身旁开过去,不一会儿,它便钻

老舍在现代文学馆的铜像

入地下，投入载客运转。看来，这儿是这些车辆的家和真正的起点。意味深长的是，这里就是父亲的归宿和人生的终点。

拍照这天，阳光很好，没有风，周围宁静，协和，车开走之后，这里好像只剩下阳光和路轨，连城市的嘈杂都被隔离在墙外。我紧张的心情突然消失，我的神经松弛了。我倒愿意在这儿多呆一会儿。我默默地立在阳光之中，看着这路轨，让它把我引向很远很远的地方。

大家都没有说话，张君默默地取了景，按了快门。王君却突然提了一个建议：

"这里应该立一块永久性的石碑，上面刻着：这是作家老舍的舍身之地"

他用了"舍身"两个字。

父亲名"庆春"字"舍予"，舍予是舍我的意思。王君的"舍身"两字应了"舍予"的原意。大概，王君是经过深思熟虑的，所以脱口而出，此时此地此景被他的这两个字包揽无余了。舍予两字是父亲十几岁时为自己取的别名。在字面上，正好把自己的姓——"舒"字——一剖为二。他愿意以"舍予"做为自己的人生指南，把自己无私地奉献给这个多难的世界，愿它变得更美好一些，更合人意一些。从此，他认定了"舍予"这条路，在这条路上坚定地走了整整一辈子。

父亲二十三岁那年，曾向比他更年轻的学生们发表过一次公开讲演。他说，耶稣只负起一个十字架，而我们却应该准备牺牲自己，负起两个十字架，一个是破坏旧世界，另一个是建立新世界。这大概是他的第一个"舍予宣言"。

父亲自己确实提到过一块身后的小石碑，和王君所说的石碑相似，那是一九三八年的事情，不过，立碑是戏言，表达国难舍身是真意。

当时，国难当头，文艺家云集武汉三镇，成立了中华全国文艺界抗敌协会，热心肠和任劳任怨的老舍先生当选为总务部主任，相当实际上的会长。有几百名会员的"文协",专职职员一开始是萧伯青一人担任,后来是梅林一人担任,其余的人都是尽义务。大家除了写作之外,要开各种各样的会,要联络各地的文艺工作者成立"文协"分会,要编辑《抗战文艺》杂志,要出版诗歌专刊、英文专刊和抗战文艺丛书,要送通俗读物到各个战场,要义演,要出版《鲁迅全集》,要组织作家上前线……忙得不亦乐乎,干得有声有色。这个时期在中国文化史上恐怕称得上是文人们团结得最好的时期之一。跑路,开会,全是自己掏腰包,谁也没有半句怨言,看到这种生气勃勃的局面,父亲快活得要飞上天。当他以最多的选票当选为"文协"理事之后,他写了一份《入会誓言》。他庄严地向祖国宣誓,向人民宣誓,向热爱他的同志和朋友宣誓:"我是文艺界的一名小卒,十几年日日夜夜操劳在书桌和小凳之间,笔是枪,把热血洒在纸上。可以自傲的地方,只是我的勤苦,小卒心中没有大将的韬略,可是小卒该作的一切,我确是作到了。以前如是,将来也如是。在我入墓那一天,我愿有人赠我一块短碑,刻上:文艺界尽职的小卒,睡在这里……你们发令吧,我已准备好出发。生死有什么关系呢,尽了一名小卒的职责就够了!"

但是,真正的"舍身",却发生在最不应该发生的时间,最不应该发生的地点,最不应该发生的人物,最不应该发生的情节上。

王君所说的小短碑上的"舍身"两字,一下子,把我带回到十八年前的太平湖畔。

坐在太平湖公园西南角的长椅上,面向东,夕阳照着我的背。四下里一个人也没有。这是公园的终端,再往西便是另一个更大的湖面,不过,已经不是公园了,它们之间没有围墙,只有一条前湖的环湖路和一座小桥把它们相连,实际上我处在前湖和后湖的交界线上。前湖环湖路外侧栽着许多高大的杨树,树下安设了不少的长椅。后湖完全是另外一付景色,四周没有修整过的环湖路,也没有人工的岸堤,它荒凉,安静，带着野味，甚至有点令人生畏。湖边杂草丛生，有半人多高，一直和水中的芦苇连成一片。再往上则是不很整齐的大垂洋柳，围成一道天然的护墙。游人是不到这里来的，它几乎完全是植物和动物的世界，父亲便躺在这另一个世界里。

我回过头来，寻找草丛中小土道上睡着的他，不知道是阳光晃眼，还是眼里有什么东西，我什么也看不清，一片黄，是阳光的黄呢，还是一领破席的黄？我不知道。

向我移交的是一位市文联的年轻人，他的身后是父亲的老司机和他的汽车。他们都带着红袖章。显然，汽车的主人已经换成这位年轻人了。他们问了我的名字，还要我出示证件。其实，老司机是我家多年的熟人了。年轻人只向我交待了一句话就坐车走了："你必须把他赶快'处理'掉！"还是老司机临走关照了一句重要的话："这里夜间有野狗！"

父亲头朝西，脚朝东，仰天而躺，头挨着青草和小土路。他没有穿外衣制服，脚上是一双千层底的布鞋，没有什么泥土，他的肚子里没有水，经过一整天的日晒，衣服鞋袜早已干了。他没戴眼镜，眼睛是浮肿的。贴身的衣裤已经凌乱，显然受过法医的检验和摆布。他的头上、脖子上、胸口上、手臂上有已经凝固的大块血斑，还有大片大片的青紫色的淤血。他遍体鳞伤。

前两天，在成贤街的孔庙，他遭受了红卫兵的毒打。那一天，原定在这里焚烧京戏的戏装，无知的狂热少年们说这些价值昂贵的戏装都必须由地球上尽早地消灭掉，还要拉两三位文化局的领导干部去挨斗。市文化局和市文联是近邻，拉文化局领导干部的红卫兵顺手牵羊，把市文联的已经被揪出来的文化名人也随便地装上了车。作为市文联主席的父亲看见所有的好朋友和领导干部都被点了名，他自己主动站了出来。他的正直，或许是他的顶可爱的地方，但是这个顶可爱的正直要了他的命！一位在场担任指挥的学生发现了他，大叫："这是老舍！是他们的主席！大反动权威！揪他上车！"其实，那时，父亲刚由医院出来。入夏以来，他心情很坏，一天夜里突然大口吐血，总量竟有大半痰盂。我们半夜送他到北京医院，当夜被留下住院。病愈出院，医生嘱他在家多休息些日子，他却急着上班。命运无情地嘲弄了他的献身精神，着急啊，着急，事与愿违，他竟以最快的速度直接奔向了生命的终点。这一天便是他出院后上班的第一天——一九六六年八月二十三日。

在孔庙发生的可怕事实，已被许多的受害幸存者作家们戏剧家们详细地追述过。我也不愿重述它们。总之，在孔庙，父亲受伤最重，头破血流，白衬衫上淌满了鲜血。他的头被胡乱地缠上了戏装上的白水袖，血竟浸透而出，样子甚可怕。闻讯赶来的北京副市长王昆仑先生，透过人山人海的包围圈，远远看见了这场骇人听闻的狂虐。他为自己无力保护这位北京市最知名的作家而暗暗叫苦。形势完全失控，狂热的乌合之众就像那把狂舞的冲天大火一样，谁也不知道它会蹿向何方。父亲的眼睛在眼镜后面闪着异样的光，这是一股叫人看了由心眼里发冷的光。他的脸煞白，只有这目光是烈性的勇敢的和坚决的，把他的一腔极度悲苦表达得清清楚楚。由一个最有人情味的温文尔雅的中国文人的眼睛里闪出了直勾勾的呆板的目光，善良的人们全都害怕了。这目光明白无误地告诉人们一个可怕的信息：他只要一闭眼，一低头，他便可以马上离开这发了疯的痛苦世界。

市文联的人被授意设法先期单独接回老舍。谁知此举竟把他一个人由这个大灾难推入了另一个更大更黑的深渊。

市文联里早有一群由数百人组成的红卫兵严阵以待。他们的皮带、拳头、皮靴、口号、唾沫全砸向了他一人。可怜的父亲命在旦夕。一位作家为了暂时的苟安，唆使无知的少年向父亲提了几个挑衅的问题。父亲冷静地作了实事求是的回答，当然是被认为毫不认罪的。于是，这些尊严的回答就如火上浇油，再次招来了更加残酷的肉体折磨。

父亲决定不再低头,不再举牌子,也不再说话。他抬起他的头,满是伤痕,满是血迹,满是愤怒,满是尊严的头。

"低头!举起牌子来!"

父亲使足了最后的力量将手中的牌子愤然朝地面扔去,牌子碰到了他面前的红卫兵的身上落到了地上。他立刻被吞没了……是的,被吞没了……

市文联的人想出一个"妙"计,想把他由红卫兵手中抢出来。他们说他这一死拼的反抗是"现行反革命",应该把他交到专政机关去法办。于是,经过一番争夺,把他塞进汽车里,送到了附近的派出所。丧失了任何理智的人群紧紧地包围着汽车,汽车寸步难行,无数拳头敲打着汽车的外壳和玻璃。然而,对这个"现行反革命"的称呼,不论是红卫兵,还是父亲本人,都认真地无误地领会了,无疑,它彻底地把父亲推向了另一个世界。尾随而至的少年们,其中不少女孩子,在派出所不顾所内人员的阻拦又将这位奄奄一息的老人轮番毒打到深夜……

就这样,不到一天的工夫,人民莫名其妙地、突然地、永远地失去了自己喜欢的,被称为"人民艺术家"的作家。

母亲被通知将父亲接回家来。他们互相紧紧地拥抱在一起,挤在一辆三轮车内,凌晨才到家。临走之前,父亲被通知:早上他必须拿着"现行反革命"的牌子前来市文联报到。

第二天,他的确按时去上班了,大概还拿了那个要命的牌子,不过,他没有到文联去。走出之后,他失踪了。

凌晨,入睡之前,在母亲为父亲清理伤口的时候,他们有一次长谈。实际上,这是他们之间的最后一次谈话,称得上是真正的生死之谈。父亲,死的决心已定,但是这一点不便对亲人直言。推心置腹的谈话被若隐若现的暗示搅得更加充满了诀别之情。当父亲脱掉衬衫之后,母亲看见他被打成这般惨状,有心放声大哭,可是她不敢,她知道,她应该动作,她的嘴也应该说话,而不是哭。她帮父亲脱下被血块粘在身上的汗背心,掀不动,她取来热水,用棉花沾着热水一点一点地把它浸湿泡软,那背心的棉纱竟深深地陷在肉里。她的手不听使唤了,找不准地方了,因为心颤,手也颤,浑身都在颤。她的心痛,心痛!她的眼泪再也忍不住了。

父亲告诉她:"人民是理解我的!党和毛主席是理解我的!总理是最了解我的!"

他真的是一个好人!吃了这么大的委屈,遭了这么深的折磨,奇耻大辱啊,他却说出了这么知己的话!

可天下,到哪去找,这样真诚而善良的朋友啊!

可天下,到哪去找,这样牢固而纯一的信赖啊!

父亲劝母亲去忙自己的事,不用管他,他绝不会出事。清晨,他硬是把她推出了门,她真的上班去了。母亲前脚走,不一会,父亲也出了门。

出大门之前,父亲走到我的女儿,他的三岁的心爱的孙女窗前,郑重地向她道别。当时,家里的亲人只剩下她小小的一个,还有一名年迈的老保姆看护着她。爷爷把小孙女唤出来,俯下身来,拉着她的小手,轻轻地慢慢地,对她说:"和爷爷说再——见——!"女孩子奇怪地看着爷爷,不明白爷爷今天怎么了,干嘛要一个字一个字的吐音……

父亲,这是在向人间告

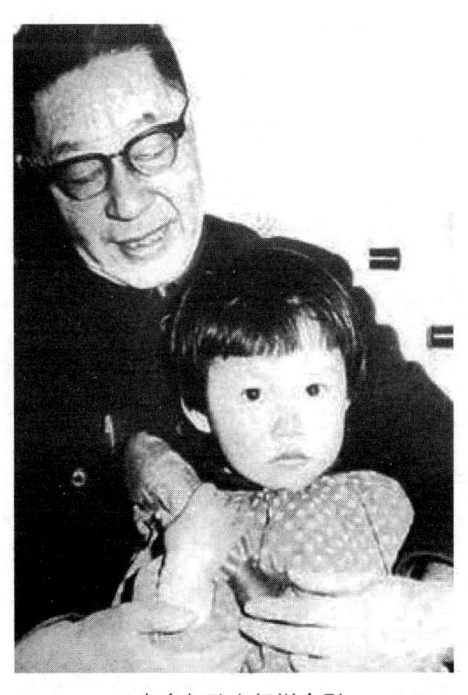

老舍与孙女舒悦合影

别,向所有爱他的人告别,向爱了一辈子和写了一辈子的老百姓告别。他把这句最后的话,依依不舍地,留给了一个天真无邪的孩子。一个多么有人味的,善良的人!

我的女儿一点也不明白爷爷的用意。她应该拉住他,她应该大声地叫:"爷爷!你别走!叫爸爸回来!叫姑姑们回来!他们会把你藏起来!你别走!爷爷!"可是,我的女儿什么也没喊。就是不喊这些,也应该紧紧地抱住他,亲亲他,吻吻他……她对爷爷,真的,说了"再见!"还向他摆了手。她太小了,她实在太小了!随着这一声"再见",爷爷永远地走了,再也没回来,"再"也"见"不着了。

父亲喜欢这个小女孩,他们爷孙俩,一老一少,常在一起玩。小孙女是唯一可以随便走进老人书房的人,不论在任何时间,都是受欢迎的。有一次,爷爷接见两个英国朋友,小孙女在客厅里玩,老人坐在沙发上把孙女夹在两腿之间,用她的布娃娃轻轻地敲她的头,说:"将来,是属于他们的!"在他离家出走的最后时刻,他郑重地向小孙女道别,清醒而理智,心中充满了纯洁,因为,他直接在向"将来"道别。他或许在想:历史的篇章瞬间即过,一切憾事,一切烦恼,都会成为过去,自己的劫数已到,说什么都没用了,走吧。和小孙女拉了手,他走——了。将来,是属于他们的。

父亲走到哪里去了?谁也说不上来。

当我闻讯由单位赶回家来的时候,家里大乱。由胡同口开始,直到院内、屋内,站满了提着皮带的红卫兵,到处还贴着大字报,他们是来找老舍的,因为他竟然没有到机关去。他们把家里的每一寸土,每一个角落搜遍了。我发现每间房的顶棚上的检查孔都被破坏了,他们以为老舍藏在房顶上,而且是由不到一尺见方的检查孔中跳上的!看来,藏是藏不住的,那么,他到哪里去了呢?鲁莽的少年们,眨着眼睛,终于感到事情有点蹊跷,纷纷溜走了。他们走后,我立即起草了一封信,草草化装了一下，拉着大妹妹，直奔国务院接待站。出来一位负责同志，我把上衣解开，露出见证——穿在身上的是父亲昨天留下的衬衫，还有被我缠在腰上的父亲昨天用来包头用的带血迹的水袖。他仔细听了我的陈述，接过信去，说：我们立刻报告上去，请你们放心。几小时后，总理秘书处打电话给母亲，说总理已经接到紧急报告，正在设法寻找老舍先生，一有消息一定立即通知，请等候。

一夜就这样过去了，音信全无。又一个上午也在等待中度过了。到了八月二十五日下午文联打电话给我，叫我去一趟。他们拿出一张证明信给我，上面写着："我会（指北京文学艺术联合会）舒舍予自决于人民，特此证明。"他们用了几乎整整一天的时间推敲定性，现在重要的事情，对他们来说，无非是推脱责任了。让我立即到德胜门西边豁口外太平湖去处理后事。他们还说：最好不要把此事告诉母亲。看得出来，他们觉得事情严重。

当老司机嘱咐我当心有野狗之后，我向那位年轻人提出：请他们回机关后立即通知我母亲，说我在太平湖等她。于是，我便坐下来，一边看守死去的父亲，一边等母亲的到来。

父亲是怎样走到太平湖来的？一个谜；为什么要到太平湖来？又是一个谜。我坐在湖边，百思不解。

父亲是清晨在后湖被发现的。一位在附近的演员到湖边锻炼身体，发现水中有人，离开湖边顶多有十几步。演员看见的是一点点露出水面的后脑部。演员跑去喊人，附近没人，只有几户湖边的渔民。人们终于七手八脚地把他打捞上来，放在岸边。他的全身已经很凉很凉。人们发现岸边放着他的上衣制服、眼镜、手杖和钢笔，制服口袋里有工作证，上面写着他的名字和职务，围观的人们哗然，整个上午和中午，这里人山人海，当天，消息很快传遍了北京城的西北角。市文联的人、地段派出所的人和法医都到了现场，不知是谁找来一领破席，把他盖了起来。

据公园看门人说，头一天（指八月二十四日），这位老人在这里一个人坐了一整天，由上午到晚上，整整一天，几乎没动过。估计，悲剧的终了是发生在午夜。老人手里还拿了一卷纸。清晨，湖面上的确浮着一些纸张。纸张也被小心打捞上来，是手抄的毛主席诗词，字有核桃般大小，是很工整的老舍特有的毛笔字。字里行间还有没有现场写的什么遗言留下来，则又是一个更大的谜。因为他有纸，有笔，有一整天时间，有思想，有话要说，而且他是"写家"。市文联的人后来把制服、钢笔、眼镜、手杖都还给了我们，唯独始终没有让我们看过这些纸。

太平湖是个偏僻的小公园，没有名气，又不收门票，游人稀少。由父亲开始，短短的一个星期之内，它竟成了殉难者的胜地，有成十上百的人在这里投湖。

太平湖没有进入过父亲的著作，我翻遍了他的书也没有找到，虽然他的作品绝大部分都是以北京的实际地名为背景。但是，我知道，他熟悉这一带。一九二〇年九月至一九二二年九月，整整两年的时间，刚过二十岁的舒庆春曾任外城北郊劝学员，他的办公处就在德胜门关厢华岩寺内。他负责管理散布在西直门外、德胜门外、安定门外和东直门外的所有私塾。他当时走遍了乡间各村。是不是在那个时候他就熟悉了太平湖呢？大概是肯定的。大家都知道，他的第一部长篇小说《老张的哲学》写的就是德胜门外。人和历史一样，有的时候，糊里糊涂，要走点小圆圈，周而复始，又回到了原处，虽然是螺旋式上升，但终究有点重演的味道。父亲是以写在德胜门外发生的故事而成名的，过了五十年后，他本人又还是在德胜门外，销声敛迹。

太平湖悲剧发生十二年后，有一次，我偶然打开一张解放前的北京老地图，竟一下子找到了父亲去太平湖的答案。太平湖正好位于北京旧城墙外的西北角，和城内的西直门大街西北角的观音庵胡同很近很近，两者几乎是隔着一道城墙、一条护城河而遥遥相对，从地图上看，两者简直就是近在咫尺。观音庵是我祖母晚年的住地,她在这里住了近十年,房子是父亲为她买的,共有十间大北房。她老人家是一九四二年夏天在这里去世的。我恍然大悟:父亲去找自己可爱的老母了。

父亲出身寒苦,幼年丧父,完全靠他的农家出身的老母亲拉扯长大。老母亲不识字,靠给人家洗衣裳、做针线活、当佣人、当工友养活一家人。她咬牙把自己的小儿子庆春送进了小学校,使他成为舒家门里的唯一识字的孩子。她还把自己正直、善良、热心、勤劳、朴素、诚实、爱花、爱清洁、守秩序、能吃苦、好强、谦让而又刚强、软中有硬的秉性传给了小儿子。父亲对一切人和事都取和平的态度,把自己吃亏当成当然的事情,但是,这并不意味着软弱,干事情都有一个基本的宗旨,什么事都能将就,可就是不能出了自己的界限,就是软中有硬。父亲说:"我的真正的教师,把性格传给了我的,是我的母亲。母亲并不识字,她给我的是生命的教育。"六十七年之后,父亲又回到了他的老妈妈的脚下,把生命奉还给她,是对她的生命的教育的一种感恩和总结吧。

父亲去世之后,立刻传出种种有关他的死的说法,对他的死的方式和他的死的原因也有种种猜测。日本作家对父亲死的悲剧极为震惊,认为是巨大的损失。在他们的笔下父亲仍然活着。就在"四人帮"横行的时候,水上勉、井上靖等作家就已经公开写文章怀念他了。父亲的朋友,作家井上靖先生一九七〇年写了一篇叫作《壶》的著名文章,实际上是在探讨父亲的死。他的文章提到:日本老作家,尊敬的广津先生对中国人宁肯把价值连城的宝壶摔得粉碎也不肯给富人去保存表示不以为然,但是,当父亲去世的消息传到日本之后,井上靖先生终于清楚地领悟了当年讲给他们听的这个故事中那个中国穷人的气质。日本女作家有吉佐和子也专门写了一篇叫作《老舍先生死的谜》的长文。日本作家开高健以父亲的死为题材写了一篇叫作《玉碎》的小说,荣获了七九年度川端康成奖。他们都真诚地期望在父亲的悲剧里找到一些人生的哲理。

巴金先生多次在近年写的《随想录》中谈到父亲的死。他以为对老舍的惨死绝不能无动于衷，他说"老舍同志是中国知识分子最好的典型"，一定要从他的死中找到教训。有一位好人对他说："不要纠缠在过去吧，要向前看，往前跑啊！"可是他却固执地说："过去的事偏偏记得很牢。"巴金先生在《怀念老舍同志》一文中写道："我想起他那句'遗言'：'我爱咱们的国呀，可是谁爱我呢？'我会紧紧地握住他的手，对他说：'我们都爱你，没有人会忘记你，你要在中国人民中间永远地活下去！'"巴金先生一九七九年十二月十五日还说过："虽然到今天我还没弄明白，老舍同志的结局是自杀还是被杀，是含恨投湖还是受迫害致死，但是有一点是可以肯定的：人亡壶全，他把最美好的东西留下来了"。

我前不久读了黄裳同志写的一篇文章，记述不久以前他和巴金先生谈天，他们又谈到老舍的死，黄裳说了一句："换了我就出不了这种事。"巴金先生听了喝道："你吹牛！"黄裳写道，巴金先生说此话时，"声音低沉而严厉，这是少见的。"

看来，关于父亲的死，文章还在写，讨论还在继续。

对于我来说，父亲的死，使我感到非常突然，迅雷不及掩耳，而且，使我的处境非常糟糕；但是事情发生之后，我没有怀疑过：对他来说，会有不同于太平湖的第二种结局。

十八年前，当我一个人守在父亲身旁的时候，我就认了命，我深信，在"文革"中，对他来说，只能有这么个"舍予"式的结局。而且，就在我坐在太平湖的椅子上的时候，我已经能够找到一些事先的征候，虽然，在此之前，我从未认真对待过它们。

记得，在事情发生的前几天，有一个星期天，我回到家中，曾和父亲谈起当时的形势。当时，"文革"尚处于刚刚发起的阶段，预见到它的恶果还十分困难，但是从父亲的谈话里已经可以听到不少担忧。后来的发展证明，那些糟糕的事，绝大部分不幸被他言中。

他说：欧洲历史上的"文化革命"，实际上，对文化和文物的破坏都是极为严重的；

他说：我不会把小瓶小罐和字画收起来，它们不会是革命的对象；我本人也不是革命的对象。破"四旧"，斗这砸那，是谁给这些孩子这么大的权力？

他说：又要死人啦，特别是烈性的人和清白的人。说到这里，他说了两位朋友在前几次运动中由于不堪污辱而一头扎进什刹海的例子。他为什么要说这两个例子，我当时一点也没有思索。事后想起来，听者无心，言者却是动了脑子的。

更有甚者，父亲一九四五年在长篇小说《四世同堂》里写过一个叫祁天佑的老人，他的死法和父亲自己的死法竟是惊人的一模一样，好像他早在二十年前就为自己的死设计好了模式。

乍一看，这些说法和模式的出现，只是表面的孤立的偶然现象，即使有相似之处，也是不可思议的，但这些话和这些文字竟都出自他一个人的嘴和一个人的笔，我想，这只能证明，什么事情在他心里确实是有一条明显的界限，到了超越这个界限的时候，他自有一套既定的办法。而且，我以为，对父亲这样的宁折勿弯的硬汉子，就是躲过了八月二十三，他也躲不过九月二十三或者十月二十三，更不要说长达十年之久的大乱了。世界上，就有这样的硬汉和不可辱之士！我感到内疚的是：不管有没有用，我没能抓住那些端倪，说上哪怕一句开导他的话。我相信他，崇敬他，我没资格对他说三道四。看起来，我还是不完全了解他。这使我感到痛心，遗憾终生。

那一夜，我不知道在椅子上坐了多久，天早就黑了，周围是漆黑一团。公园里没有路灯，天上没有月亮和星星。整个公园里，大概就剩下我们父子二人，一死一活。天下起雨来，是濛濛细雨，我没动。时间长了，顺着我的脸流下来的是雨水，是泪水，我分不清。我爱这雨，它使我不必掩盖我的泪。我爱这雨，它能陪着我哭。我只感到有点冷。我开始可怜起父亲来。算起来，他整整两天两夜没吃东西，没喝过水。他大概也像我这样，在这里，呆呆地坐过一整天和半个夜晚，而这一整天和半个夜晚他是怎么过的呢？他的思想该有多么复杂，多痛苦，多矛盾。他一闭眼。也许一生都会呈现在他的面前，他一睁眼，又会什么都不是，一片空白。我不敢往下想，可是又驱散不了这些想法，于是，想想停停，越来越混乱，最后只剩下替他难受。

　　街上已经没有什么车辆行驶的声音了，我想，母亲也许应该来了，我便站起来跑到大街上迎她。谁知，就在这当儿，母亲和火葬场的人一同坐着车到了太平湖，她不知道父亲躺在什么地方，她便喊我的名字往后湖的方向走。她的急切的嗓音感动了公园看门人，经他指点才算把父亲抬上了去火葬场的车。等我赶到火葬场办手续的时候，两位办手续的姑娘看着我递过去的"证明书"说："人大代表和全国政协常委一级的人，他是这样被处理的第一位。"所谓"这样处理"就是不得保留骨灰。

　　就在父亲被彻底遗弃的同时，国外在对父亲的遭遇完全不知情的情况下，准备授予他一项威望很高的文学奖。后来，父亲已经离开人世的消息被证实。这项文学奖授予另一位健在的杰出文学家，依然是一位亚洲人。消息传来，人们又一次痛感：老舍先生的死的分量是多么沉重。

　　直到死，父亲并不认为自己有什么问题。他心中所关心的，并不是后来被随心所欲地到处乱扣的大帽子，而是对人民的态度。他认为，在这个问题上，自己是无愧的。他用死证明了这一点。

　　在父亲去世的前二十天，在北京人民大会堂，父亲遇见巴金先生，他郑重其事地向巴金先生说："请告诉上海的朋友们，我没问题！"他是怀着这样的信念参加运动的，同样，怀着这样的信念，他迎接了八月二十三日的风暴，正是几个字构成了活跃在父亲脑中的最后几个字。

说来奇怪，就父亲的作品而言，越是他偏爱的、珍惜的、下过大力的、有广泛影响的，受到的抨击往往越严重，大部分还是来自朋友方面，而且由来已久。在一般情况下，父亲总是自责，因为他是一个谦虚的人，从不说什么过满的话，特别是对自己的作品。他常常毫不掩饰地承认自己的失败，爱说"我也糟糕"。这话，从另一方面看，说明他是正直的和相当自信的人。他是凭自己的观察来判断是非的，决定取批判、鞭笞或者同情、歌颂的态度。随着思想的成熟，从三十年代初开始，他再不写那些单薄的理想化的人物，也不再用简单的杀富济贫或者铲除一两个混世魔王来解决冲突，他开始涉及复杂的社会现象，想从更深的历史发展中清理出一些头绪来，进而向旧的伦理道德、旧的思想意识和传统观念和决定它们的社会制度进攻。他写人们的长处，也写短处，很善于用生动的语言和人物形象把那些最坏的，埋得最深的，最致命的弱点和劣根刨出来，剥给大家看。就像祥子一样，一方面，他写祥子的体面、要强、好梦想、坚强、伟大；另方面，他又写祥子的堕落、自私、不幸，写他是个社会病胎里的产儿，是个个人主义的末路鬼。他最终否定了祥子，觉得只有这样，中国才有救，才能变得真可爱！

八月二十四日，当父亲在湖边坐着的时候，最折磨他的，与其说是皮肉的疼痛和人格的受辱，还不如说是不被人们所理解。经过一整天半个夜晚的思索，他的结论大概依然是那两句话："我没有问题！""人民是理解我的！"于是，他决心实践那向小孙女说过的"再——见！"向静静的湖水走去……

父亲的死，是场悲剧，他的舍身反抗精神，他的悲壮气概，在那非常特殊的条件下，有着巨大的震憾力量。他的死，抛出了一串大大的问号，和一串更大的惊叹号，好像是告诫人们：你们错啦，错啦！

那天，当我和我的朋友们拍照完父亲舍身之地走出太平湖遗址的时候，城市的喧闹重新包围了我们，阳光斜照着德胜门门楼，我突然想起

老舍在太平湖荷花池

了《茶馆》的结尾。王老掌柜和父亲自己的结局有着惊人的相似之处，还有那舞台上象征着转机的阳光和眼前的阳光也是何等的酷似，我吐了一口长气，踏踏实实地感到：悲剧终于完结了。

（原载《收获》1985年第4期，题为《爸爸最后的两天》）

4

翻开《四世同堂》，我的眼睛不禁模糊了。读懂了老舍对于生命的信念与底线，又如何不能理解那场悲哀的死亡呢？

日本人为强迫实行"平价"，和强迫接收他们派给的货物，要示一示威。他们把天佑掌柜拖出去。从车里，他们找出预备好了的一件白布坎肩，前后都写着极大的红字——奸商。他们把坎肩扔给天佑，教他自己穿上。这时候，铺子外边已围满了人。浑身都颤抖着，天佑把坎肩穿上。他好像已经半死，看看面前的人，他似乎认识几个，又似乎不认识。他似乎已忘了羞耻，气愤，而只那么颤抖着任人摆布。

日本人上了车。三个中国人随着天佑慢慢的走，车在后面跟着。上了马路，三个人教给他："你自己说：我是奸商！我是奸商！我多收了货物！我不按定价卖东西！我是奸商！说！"

天佑一声没哼。

三把手枪顶住他的背。"说！"

"我是奸商！"天佑低声的说。平日，他的语声就不高，他不会粗着脖子红着筋的喊叫。

"大点声！"

"我是奸商！"天佑提高了点声音。

"再大一点！"

"我是奸商！"天佑喊起来。

行人都立住了，没有什么要事的便跟在后面与两旁。北平人是爱看热闹的。只要眼睛有东西可看，他们便看，跟着看，一点不觉得厌烦。他们只要看见了热闹，便忘了耻辱，是非，更提不到愤怒了。

天佑的眼被泪迷住。路是熟的，但是他好像完全不认识了。他只觉得路很宽，人很多，可是都像初次看见的。他也不知道自己是在作什么。他机械的一句一句的喊，只是喊，而不知道喊的什么。慢慢的，他头上的汗与眼中的泪联结在一处，他看不清了路，人，与一切东西。他的头低下去，而仍不住的喊。他用不着思索，那几句话像自己能由口中跳出来。猛一抬头，他又看见了马路，车辆，行人，他也更不认识了它们，好像大梦初醒，忽然看见日光与东西似的。他看见了一个完全新的世界，有各种颜色，各种声音，而一切都与他没有关系。一切都那么热闹而冷淡，美丽而惨酷，都静静的看着他，他离着他们很近，而又像很远。他又低下头去。

走了两条街，他的嗓子已喊哑。他感到疲乏，眩晕，可是他的腿还拖着他走。他不知道已走在哪里，和往哪里走。低着头，他还喊叫那几句话。可是，嗓音已哑，倒仿佛是和自己叨唠呢。一抬头，他看见一座牌楼，有四根极红的柱子。那四根红柱子忽然变成极粗极大，晃晃悠悠的向他走来。四条扯天柱地的红腿向他走来，眼前都是红的，天地是红的，他的脑子也是红的。他闭上了眼。

过了多久，他不知道。睁开眼，他才晓得自己是躺在了东单牌楼的附近。卡车不见了，三个枪手也不见了，四围只围着一圈小孩子。他坐起来，楞着。楞了半天，他低头看见了自己的胸。坎肩已不见了，胸前全是白沫子与血，还湿着呢。他慢慢的立起来，又跌倒，他的腿已像两根木头。挣扎着，他再往起立；立定，他看见了牌楼的上边只有一抹阳光。他的身上没有一个地方不疼，他的喉中干得要裂开。

一步一停的，他往西走。他的心中完全是空的。他的老父亲，久病的妻，三个儿子，儿媳妇，孙男孙女，和他的铺子，似乎都已不存在。他只看见了护城河，与那可爱的水；水好像就在马路上流动呢，向他招手呢。他点了点头。他的世界已经灭亡，他须到另一个世界里去。在另一世界里，他的耻辱才可以洗净。活着，他只是耻辱的本身；他刚刚穿过的那件白布红字的坎肩永远挂在他身上，粘在身上，印在身上，他将永远是祁家与铺子的一个很大很大的一个黑点子，那黑点子会永远使阳光变黑，使鲜花变臭，使公正变成狡诈，使温和变成暴厉。

他雇了一辆车到平则门。扶着城墙，他蹭出去。太阳落了下去。河边上的树木静候着他呢。天上有一点点微红的霞，像向他发笑呢。河水流得很快，好像已等他等得不耐烦了。水发着一点点声音，仿佛向他低声的呼唤呢。

很快的，他想起一辈子的事情；很快的，他忘了一切。漂，漂，漂，他将漂到大海里去，自由，清凉，干净，快乐，而且洗净了他胸前的红字。

5

《霸王别姬》"文革"那一段儿：烈火燃烧着戏衣，牛鬼蛇神狼狈地跪了一地，蝶衣和小楼相互"揭发"，蝶衣的眼神里燃烧着绝望与凄凉，他呼喊着"我要揭发姹紫嫣红，我要揭发断壁颓垣。"

每看至此，我就会想起老舍。

多年之后，有位女作家在傅光明的鼓励下终于面对历史说出了一段她内心掩藏多年的证词：1966年8月23日，老舍与其他作家在文联遭到批斗，这女作家站出来揭发老舍，"他把《骆驼祥子》的版权卖给了美国，是拿美元的"。可想而知，在那样一种情形下，把老舍和美帝国主义连在一起，红卫兵对老舍进行了超出孔庙的毒打。

人与人，为什么总是在相互伤害。

我欣赏这位女作家最后的坦诚，我也叹息更多人逃避责任的怯懦。

老舍一生经历了八国联军的肆虐、抗日战争的炮火、异国他乡的漂泊，几次与死神擦肩而过，他已经足够坚强与坚韧。但是他自始至终无法面对人山人海集体性的人性背叛与狂乱，无法

舒乙家客厅的木门

接受人类在和平年代里野兽般互戕。

人的信念是一只精致的瓷瓶，高贵，也能在瞬间就打得粉碎。

在舒乙先生家的客厅里，有两扇厚重的大门，没有嵌在墙里，也没有过度打磨修饰。而且门是活的，明显可以打开。

门可以打开吗？舒乙先生笑了，当门打开的瞬间，我沉默了——一幅巨大的老舍半身像跃然出现，他面带微笑，神态安详，而就在这张半身像的下面，还有一张老舍生前的"全家福"。

木门后的秘密

这是一道历史的大门。

这是一道心灵的大门。

岁月悠悠，最终谁原谅了谁？

尾　没有冬天

人生四季

约翰·济慈

一年四季把时间丈量，
人生四季在心底隐藏；
蓬勃的春天转瞬即逝，
万物美好化做绚丽的遐想。
沉迷的夏季思绪悠长，
无边的梦幻飞到天上；
细品春天采来的花蜜，
青春的思考甘甜芬芳。
平静的秋色是心灵的港湾，
悠闲自得地收拢翅膀；
任凭良辰美景渐渐逝去，
就像门前的小河静静流淌。
灰白的冬日一片苍凉，
大自然的脚步无以阻挡。

2012年8月,我到柬埔寨金边皇家大学(RUPP)外语学院中文系讲授"现当代文学导论"这门课程。正逢金边的雨季,几乎每个午后都有一场暴雨,潮湿温热的气息扑面而来。中文系的学生穿着拖鞋来上课,仿若被这炎热慵懒的空气传染了,总要迟到十分钟左右。课间,我和他们一起去喝冰镇椰子,校园里有一棵很大的榕树,下面设着神龛,学生们在考试前会拜请神佛保佑。

这些学生非常喜欢老舍的作品,他们大多是华裔的后代,但是没有来过中国,也不怎么会讲汉语。他们请求我指导他们排演话剧《茶馆》,他们觉得老舍的作品充满了浓浓的"中国味儿"。根据班里学生的各自情况,我对剧本做了一定修改,让每个同学可以分到一个角色。他们认真研究清末、民国这一段的中国历史,反复体味老舍语言的京腔京味,反复观摩人艺的《茶馆》视频,他们把课间与周末的空余时间都用来练习,一个请安可以练上几十遍。演出的时候,他们自备服装道具,有人借来爷爷的衣服,有人借来邻居的中装,用纸篓做鸟笼,用黑色布条做假辫子。班里有一个女同学刚刚生了孩子两周,她坚持来观看演出,并

作者与柬埔寨金边皇家大学的学生一起排演话剧《茶馆》

老舍墓

为不能参加演出感到遗憾。9月底，我要离开金边了，中文系的学生送给我一张他们演出的光碟做纪念，他们说真喜欢老舍的话剧啊，有机会，他们还要排演《龙须沟》。

老舍已去，骨灰无存。

在世界上某个角落，你总会遇上一群喜欢老舍作品的人。

老舍的生命没有冬天，因为肉体湮灭之后他留给我们的不是彻骨寒冷，是作品中机智的趣味与深远的温暖。

秋天的叶子落尽，在我们的头顶，会显露出更广阔的思考天空。

参考文献：

[1] 老舍：《老舍全集》，人民文学出版社，1999年版。

[2] 张桂兴：《老舍年谱》修订版，上海文艺出版社，2005年版。

[3] 舒乙：《老舍》，人民出版社，1986年版。

[4] 傅光明：《口述历史之下的老舍之死》，山东画报出版社，2007年版。

[5] 傅光明：《书信世界里的赵清阁和老舍》，复旦大学出版社，2012年版。

[6] 石兴泽、石小寒：《东西方文化影响与老舍文学世界的建构及其研究》，中国社会科学出版社，2011年。